簡 墨 書 系 列

無 用 之 用

— 簡 墨 學 人 書 —

簡墨◎編著

目　錄

有愛若此

（代序）

——讀書筆記之一：我讀我心

讀書的喜好應該是天生的。五、六歲時就已經摸索著讀爸爸的蘇聯人寫的、豎排版、繁體字、倒著讀的老書了。每天父母把我鎖在房間裡就去上班，午間急急趕回家來給我弄點飯，下午，接著還是個讀。清楚地記得，我第一本讀的是《給初學繪畫者的信》。像第一位的友人。

然而，這樣一眼睇住、便喜歡了的友人，卻讓人前十年用來暗戀，中十年用來忘記，後十年用來惆悵。是無奈，也是有福。

那樣的暗戀，果然到了天昏地暗的地步，一個怯弱的人，內向的人，要講出「喜歡」兩個字是多麼地難！因此，就算呆呆麗日，對她來講也是暗夜。

暗夜裡，那戀卻紅紅心中藍藍的天，恍若暖陽無日不在的春日，分分秒秒盼望著，不曾熄滅。

而那樣點了書籍黃黃燭光找尋著小路、閒愁無法排遣的極夜，一連就是十年。沒錯，掐指算來，是十年。

是的，就在那些一律黃黃著臉兒的捲軸裝、經折裝、旋風裝、蝴蝶裝、包背裝、線裝、簡裝和精裝書裡，那些板了面孔、刻板、嚴肅、不苟言笑的經典的穀堆裡，那些梵（高）翁、薩（特）翁、莎翁、托翁……的精深的糧甕裡，我失掉了少年，迷惘的少年，自苦著的少年。

然而總有救贖在的。

忽然，爸爸做了那個文化單位的創作組組長，管理著一應書畫、詩

歌、小說、戲劇、曲藝、音樂、舞蹈......幾乎所有門類的雜誌，足足有30幾種，《詩刊》、《星星》自不必說，連《外國文學》、《民間文學》、《天津演唱》都有，更別講《萌芽》、《當代》、《花城》、《十月》什麼的啦！

事實上，從《人民文學》這個老父親，各個省、自治區、直轄市的《**文學》這些兒女們，我們全有！

而且，我們那個文化單位不大不小的圖書館建立起來，一應文史哲生醫......配得齊整，鑰匙也歸我爸爸了──真感謝那個芝麻官官職啊。

哈，瘋啦！像是暗戀的那個人，他也愛上我，並終於開口對我表白。

那樣於鍾情和被鍾情一朝醒來，突然發現被挑開了蓋頭的那種驚詫和大喜、而大塊朵頤、滔天饕餮是任何一個懂得一點點──哪怕一點點──愛的人所能夠體會的。差不多撐著了。

是的，是青春初初懵懂的荳蔻芳華。盲人摸象一樣，終於到了全身──趕上了，上世紀八十年代中期他最丰神俊朗的時候。

這樣通了鬼神般癡狂、而大雪潔白的柏拉圖的愛一直延續了將近十年──八年。

之後，是我的一個不留神，疏遠了他。去寫那些不中用的東西，銀樣蠟槍頭的「勞什子」。好在，我和他並未遠離。

這樣的輾轉，彼此的牽掛和念著，又近了十年。我沒時間讀書，忙得汗都不顧得擦地寫了十年專欄和約稿。好在我的筆力被那些千字文打磨得差不多了。我被親愛的專欄們要求著「能不能不要那麼雅，讓一般讀者讀懂」，賺了些錢，卻也輾轉著，痛苦著，終於，贖身，從良，嫁了。

到了他的懷裡。最終，還是到了他的懷裡。

他不計較我，我的背棄，我的失身，我的青春不再，擁我入懷。

多麼感激。

因此說，如同最初的最初，讀書又成了我生活方式裡最重要的一個部分——就好像魚兒選擇了游動，花兒選擇了開放，駿馬選擇了奔跑，蟲子選擇了爬行。

這是一種適合自己的方式。寵辱皆忘。

而今，親愛的他寵著我，如同一個女兒，一個嬰兒。

而曾經滄海，也更明瞭：純粹的讀書，得到最多的似乎並不是什麼功名，而是對自己靈魂的安慰。多一顆對文字的向美之心，便是多了些路要走，累則累矣，景色迷人。也是賺了的。

或者素樸空靈，或者詭異深刻，或者是人性意義上的，或者是哲學意義上的，無所謂高低。

因此，我把家安在了這裡，橫著豎著都是大書的城市，是我喜歡的城市，同愛人的氣質一般無二、溫厚儒雅的城市。這樣的城市，適宜讀書，像那樣的愛人，適宜婚嫁。

也許正因為沒有太多光怪陸離的誘惑，才能遠離是非喧囂，讓一本本好書搭建成我們靈魂深處神祕而綺麗的花園吧？

如今，好書們是我那位熟悉到無比、閉了眼睛也能曉得他的口唇輪廓的愛人同志，那位最親密最知己的情人朋友，打算一百年過下去的無間伴侶。

讀一本好書，就彷彿和他山重水複、終於合攏了水流、一起奔向大海，有了絕妙甘美的溝通。這種溝通雖然沈默，卻是高度優質、高度默契的。根本無須促膝對談。

還有啊，到最好處，讀書又如跟我們年少時暗戀他的時候，偷偷地，貪看美色，常常看到癡過去，口涎淋漓亦尚自不覺——好書和美人

（嗳，如同古人形容的，這裡說的是好帥哥哦）一樣，是天地靈氣之鍾，而且往往可遇不可求，遇上當然要瞠目結舌。讀書又如品苦茶，而茶以潤、勻、淨為上品，苦茶則更追加了一種枯索沈寂之美，極品好書如同暗戀，怕也就暗含了苦茶的味道，所謂美麗的極致一定附帶了些微憂傷。

好書讀來更如聽大提琴——雖然老氣橫秋，弓腰塌背，蹲在那裡，但歲月的痕跡無損他的魅力，反而是種風采，充溢著愛到深處時欲語還休的憂愁，和舉重若輕的淺笑。一冊書就是百樣人生——我喜歡看到時光，你的、我的、大家的時光，快樂的，疼痛的，美好的，醜惡的，過去的，未來的，憐惜的，蹉跎的......乾乾淨淨地燒錄下來，然後回憶。

就這樣，讀一本好書，就好像和本色、細膩、對生命有著天然洞察和超然體味的、相愛相眷顧了一百年的白髮老伴聊天，把他（她）燒錄下的時光，在輾轉的流動裡，讓人看得齒頰留香之餘，觸摸到或恬淡或溫婉或俏皮或鋒利的文字下面，共有的一顆悲憫的心。讀一本書，俯視那些世間歌哭、離亂聚首，在瞬間真實的亮光裡，每個字撚來都是認真、良善的，突破了人間知覺的種種分界和藩籬，常會讓人在瞬間錯愕裡，恍然感覺那是來自另一個空間的指認——卻分明是哲人的思索。那些書籍各各不同，卻又似曾相識，彷彿主人翁一概是我們的鄰人，或乾脆是我們自己。

愛了許多年的書，都沒見什麼章法——還是順其自然，心地寧靜。著實有點傻，可我相信老話，到底「傻人有傻福」，我愛他，他亦必被我幾分姿色打動，愛了我。不急不躁地構築純真愛情和良好人生的是多麼地少呀！我卻執意要做其中的一個。

這幾日，盤踞床頭隨手翻著的是：《道德經》、《懺悔錄》、《墓畔回憶錄》、《楚辭》、《史記》、《家族》、《感覺自然史》，還有《徐霞客遊記》。有些是早年囫圇讀過的，有些是最近提起興趣的。有時，它們在我心中激起幽深的漣漪，有時它們帶來流水清風一樣的悠然

歡快，有時它們讓我如沉溺瑜伽般地愉悅而沉靜……如同鑽石一樣的愛人的不同的百面，有著不同的迷人。

讀一本好書如同看淡彩濃抹的大戲，需低了眉，慵慵地窩在沙發中，慢慢地暈。讀時需請幾縷月光斜鋪在身上，暖暖地溫著。然後縱橫了去讀，放開去想，輕輕地撚著文字，如同品評一樹繁花，窗外偶爾流過市聲，襯托著春夜的清平和活著的豐美。

讀那般文字，不可一日望盡──也捨不得，也像愛情也需要節制，需要慢慢體會。且起來伸個懶腰，且去忙自己的事情，回過神來，或是好睡之後再加上好讀，便使我們從純澈如水到繁複蕪雜，又從徘徊焦慮到從容安和──那種歷經過漫漫長路的清平寬柔，纖沙不染，分明已幻作一朵佛前的蓮花。

但終究還是沒有用，如同每一對的愛人都要面臨另一個的離開──不是他，就是我，或者反著：那些書，它們宛如偶然投宿的過客，在帶來短暫新鮮別緻的風味後又匆匆辭別，舊的空氣、舊的感覺，又重新占據它們曾經駐留過談笑過的地方。我如何能挽留住這些可敬可愛的書中好愛？怕只怕，終究如舊時春風、紅樓翠袖，枉自消散了歲月消散了人而已。

然生命若離弦之箭，帶著嘯響，轉瞬消失在世間。而我所知道的，能夠控制生命軌跡的，讓它們在空間裡多停留片刻的唯一法子，似乎就是寫作和讀書了，像把他的相片裱褙了，懸掛臥室，也便繼續伴著。

唉，雖則時光不可挽留，至少可以讓飛翔的痕跡再現。而每一閱讀都像和心愛的他一起進行一段飛翔。讀得多了，也就品出些生趣，人生也便有了些永恆的意思。

像愛不死。

國內部分

老說柔靜

——讀書筆記之二：宜事宜人

如果說《論語》和藹，是案頭常備解悶的，《莊子》浪漫，是床頭供臥遊的，那麼，《道德經》還是用來冥想好了。尤其適宜汗水淋漓的熱天讀——它冷冽。

噯，一會兒結合水來說吧，看看說他一句就這麼多的水偏旁。

說個不太合適的話：老子的書同童話差不多，它陰、柔、弱、雌、厚，是讓人可得安眠的書。

柔靜．水

老子他老人家，青銅的鐘、鼎一樣，敦實，厚樸，袖了手，清簡地立在那麼久的時光裡，彷彿只說了兩個字：柔靜。

孔子也說到過安靜和溫柔。可是，聖人們無端地被很多後學給鼓搗成了令人身上發冷的權術，這樣呀那樣的，全是一派治人者的口吻了。那樣的口吻有一次就夠了，這使我以後避經典解讀如避冬天的大風——窗簾夠厚了，還要布塞住窗子縫隙，真怕那「紋紋」亂叫的風聲啊，簡直世界末日。不去賦予它什麼求職、高昇之道，並挖空心思地運用到實踐中，安靜地讀聖人的安靜說，多好。

而東方古典哲學的虛幻浪漫全藏在那一片安靜溫柔裡，讀進去，你就什麼都得了——有時會勸我身邊十八九歲狂愛寫毛筆字的小朋友們，

收斂好，要克制。豈不知，收斂、克制是要有才能做的事——要多多地有才可以，你一大倉的糧草，可是人家看不見，看見的，是你自己的，手上的這一點。跟個好的魔術師似的，你得做足背後的功課，才能腕子上出彩。你空有熱情滿腹，想法又太多，浮躁得坐不住，臨個帖也是恨不得馬上用到自己的作品成品裡去參展得獎賺錢，那怎麼得了？

因此老子的意思可引申為：不安靜，不溫柔，就不專心，不沉着；不專心，不沉着，當然談不上理想和造就。書道如是，萬道亦如是。都說水到渠成。水是怎麼流的渠才成？要柔靜地過來，順勢過去，才成，否則，吶喊著過來，強勢出擊，一地大水，恣肆橫溢，渠在哪裡？——那是江河氾濫，是海難。

一面水，或渠，或湖泊，或江河，或海洋，先於天地存在之前就已經存在，平靜溫柔，才可朗鑒萬物，照見天地的精微，明察世間的義理，思想才清晰，做事才有準星——古時瓦匠建造房屋用來「定準」的水平儀就是倒滿一盆水放在院子中央，定準了水準高度，然後把一條細長管子的一頭沒入水中，從另一頭一吸，水就充滿管中。再把盆中的水倒滿，這麼一來，管子拿到哪兒就可以定出哪兒的水準——關鍵是：那盆水，它柔靜，方做得「找平」的準繩。

柔靜・嬰兒

我仔細看：在短短的5000字中，老子居然明著三次提到「嬰兒」：

「專氣至柔，能嬰兒乎？」意思是：結聚精氣，致力柔和，能像無慾的嬰兒嗎？

「我獨泊兮其未兆，如嬰兒之未孩。」意思是：我獨自恬淡安靜無動於衷，混混沌沌的樣子啊，好像一個還不會笑的嬰兒。

「知其雄，守其雌，為天下谿。為天下谿，常德不離，復歸於嬰兒。」意思是：深知什麼是強大的雄，什麼是柔弱的雌，而甘做天下溪澗，那麼，永恆的「德」就永不離失，而回覆到嬰兒自然的狀態。

這裡面各有一個關鍵字，分別是：柔和、安靜和柔弱。

要柔和、安靜、守住柔弱是很難做到的事情，而力量莫不中來。還是以書法做例子吧：我看到一些孩子上書法班，就是打著「20天學會一手漂亮字、名牌大學向你招手」、「可心工作不用愁」速成的那種，他們被教的，都是橫平豎直、線條如刀樣筆直僵硬。而我自小聽到的方家教導，是：書法中沒有一個筆劃是真正直的，撇捺不必說，橫、豎也不例外。去看入門的人人說他字肥、肉的顏魯公，別看碑帖──那也有些走樣，看直接寫在絹帛上的，哪一筆不勢如曲弓，藏了力道？

曲，就是柔和弱，就是安靜。

甘於柔，甘於弱小，甘於嬰兒樣貌和性情，就是弓蓄著勢，靜水深深地流。幾乎又說到水了──噯，讀老子，怎麼能離得開水？老子就是水。他細細地發源，從一滴水開始，集聚得慢慢騰騰，用去好多時日，然後，下自成淵，無聲靜流，且是越來越低，越來越低，不求上揚，也不求暢達，然而，到最低處──你猜出來啦？──沒錯，到最低處，是大海。

老子就是月下秋深的大海。

而他在書中設計了「柔弱勝強」和「靜為躁君」的八字方針，隱在一片字碼裡，等著尋見。

說個蠻可怕的話：安下心、柔下腸去讀書、學書，去思想，即便權術，也可以得。當然，絕對不能轉那個腦筋，一轉就完，就沒意思了。

嬰兒・權術

前面提到老子的「嬰兒」說，也說到了權術。這裡試著結合它們看一下這兩個詞，算一點辨析。

其實，老子暗著還提了兩次「嬰兒」：一是「聖人在天下，歙歙焉，為天下渾其心，百姓皆注其耳目，聖人皆孩之。」即：有道的人處在統治地位上，要收斂自己的意欲，使人心歸於混沌、純樸。百姓都專注於自己的耳目（追求自己的慾望），有道的人使他們都回到嬰兒般的真純狀態。

還有：「含德之厚，比於赤子。」即：「含德深厚的人，比得上嬰兒。」

由這兩句話不難看出，老子對於成為「嬰兒」或復歸於嬰兒狀態是十分羨慕和讚許的，而且，他把人民復歸嬰兒狀態看成是最好的狀態，而同時又把德行深厚的人比喻成嬰兒，可見，他是尊重嬰兒似的人群和人的。他所稱道的統治者，也是收斂自己意欲的人，「我好靜而民自正……我無欲而民自樸」，和光同塵，也便使得自然的德行可固守根本，天下也得以安定、教化。

覺得領悟聖人之道不可矯枉過正，或帶著一顆激憤和跟他對著幹的心去讀。老子之說並沒有不求上進的意思，我所理解他所言的「清靜無為」，主要是「清靜」，而「無為」的重點意義也不過是「大國者下流。天下之交，天下之牝。牝常以靜勝牡，以靜為下。」（大國要像居於江河的下游一樣，處於雌柔的位置，這是天下交匯的地方。雌柔常以虛靜戰勝雄強，就是因為它安靜處於下面的緣故。）喏，你看，還是有矜持在的，有《易經》開篇「潛龍勿用（龍要飛騰就不能見風就起，必須有所待，少安毋躁）」的大意思在，透出類似全知者的自信和雄壯——儘管還是講的要安於柔靜。

說到底，老子所謂「無為」，只是一種安靜平正的心境。「甘居下流」也只是一種迂迴，這和有沒有遠大的理想毫無關係。況且你看，他的理想是到了「治國」一步的。而因為闡述和平，詞語間互有尊重，所

以感覺起來到底與權術關係不大。這是老子特別可愛之處。認為天地萬物都是由物質生成，所有有生命和無生命的物質應當相互尊重、共生，且都在產生資訊，還根據它的特有屬性給予回饋——以自然的力量給予獎勵和和懲罰——如今紛繁浮躁的大工業時代帶來的種種憂患就是一個例證。更重要的是：老子將理想放置於權術之上，將未知委之於「道」而不是委之於「神」，在那個時代，已經是很了不起的境界了。就是在兩千五、六百年後的今天也並不過時。真理哪有個過時？

倒是翻翻《管子》，常常被有些詞語嚇到：什麼「牧民」、「順民」、「使民」、「厲民」、「用民」、「分民」、「教民」……權術色彩比比皆是。小境界、小思想，透著狠勁兒、自以為是和高高在上的得意，嘴臉難看。所以，就連解讀家們也不願意去碰《管子》呢——他功利濃重，小家子氣。

目下，權術書的種類已經夠煩夠多了，想要什麼買不到？況且還有一眾文學書籍，譬如域外華人30年如一日面上光滑無一絲褶皺男作家《我不是教你詐》地教你巧妙用詐（我翻翻，哪一則不是教詐？不教詐，版稅何以漲到爆棚？呵呵，多聰明的作家先生），夠笨人學好幾年的。也便請眾鄉親不必費勁肢解了老子，去解讀出別樣花樣來也罷——敬請刀下留人。

其實，不管是為君，為百姓，乃至讀書人，皆奔了一個嬰兒心地而去，也是省心不少的。要做的，各司其職、兢兢業業是必要的，但，為官為宦，不貪婪，不掠取；為百姓，守本分，該幹什麼幹什麼；為讀書人，讀寫大義，不天天思索以此去奪高官厚祿……恪守日月光明大道，那麼，哪裡不波瀾不興天下太平？哪裡又不會漸漸累積——無論禮樂、家私、功名？而那些外物的喧囂生硬之銳物，較之人生的安靜溫柔之濃福，又算得什麼？

在一個隨便哪個戰爭狂人輕輕按一下電鈕，世界即可成為齏粉的狂熱發展、逞強的時代，重提溫柔、安靜這樣的字眼，這樣的祥和之器，

稍加冷卻，以求人群遠離詭道，赤誠相愛，還是有它的意義所在的。

我這樣全躺著、柔靜地讀讀老子，讀得舒服，心下沁涼，連日受苦的體位性血壓低也便不大覺得，有了些極好的淺睡。

棄風飛翔

——讀書筆記之三：無死無生

獨自是個多好的事！好像一個或兩個小時的世界或者宇宙的王。

如果你是個犁田的，獨自揮鋤，微瞇了眼，看野曠天低樹，比照自己，便變身蚯蚓、蠓蟲、田鼠、蝮蛇......會覺得渺小，艱難，孤單，迷惘，憂傷，無望，也會感受豪邁，壯觀，安寧，提升，超越，持守，以至盼望。

如果你是個寫字的，獨自書寫，聽蠶食沙沙，會剎那間模糊了時空，跟自己的人物遊送紙上，轉身卻又接受了身邊平庸的生活，就像格雷厄姆、鮑姆、內斯比特、聖•德克旭貝里......如果你是個戀愛的，獨自想念，默讀、重讀：美好的膝蓋，不安的心，初次相約的微甜，熱烈相戀的微苦，愛多、愛少的猜測和期許，等信的焦灼，唱過的好聽的歌，圓月亮......如果你是個怕死的，獨自摩挲《莊子》，會覺得：他居高而視，唱嘆不止，吟詠不絕，而極盡悲婉，一定是因為感到凡俗的生命實在值得憐憫——生命無定，隨時可以來到，或離開：獨自，孤單，無助，無人代替，愛人、親人只有掩面哭泣，不能給你別的......他們叫你「要勇敢」，可還是眼睜睜看你一個人去面對未知的黑暗......就這樣，死生，「其有夜旦之常」，除了看著他人墮入黑暗一救也救不得，誰自己本身又沒有發病的時候、虛弱的時候、睏倦的時候、難過的時候？一切都讓人慌張，一切都讓人噁心，一切都讓人難於接受，一切都讓人想逃，況且還有那麼多驚魂的事驚魂的人：荊軻刺秦，喋血玄武門，狸貓

換太子，趙氏孤兒，奧塞羅，伊莉莎白女王，路易十六……橫刀相向，攔住去路。而走著走著，大家都成了一群沒有腳印的人。不過，那也只是憐憫而已。只有像莊子那樣，內心存了真正的孤傲與高貴，才是可以超越這庸碌生命的唯一之路。就這樣，除了他──幾乎包括其他聖人，人群中的每一個都是寂寞的恐龍，絕大部分貌似強大、實則脆弱的「恐龍」都是懷著對生的貪戀與對死的惶恐投入其中──不管是哀愁還是欣悅，不管願不願意，有什麼辦法呢？只能如此！沒有人有那福分，可以重回母親溫柔煦暖、省力省心的子宮。所以，逆來順受，默默承受，就是對呱呱墜地之前與結束生命之後的兩段黑暗之間短暫的一閃即逝的光亮的感恩，儘管它大部分時間裡充滿著抱怨和詛咒。當你覺得生命無序無常的時候、表情枯萎又麻木的時候，就成了它的奴隸……偷生啊，苟活啊，淚裡含笑啊，拔苦為樂啊，你便也把自己交給那冥冥之中的主宰了。

光陰的流轉恐怕就是那個樣子的，那個誰也不願意的樣子，那個從漢《樂府》（《董嬌嬈》中吟唱：「秋時自零落，春月復芬芳。何時盛年去，歡愛永相忘」）和《古詩十九首》（《古詩十九首》詠哦：「人生寄一世，奄忽若飆塵」、「人生忽如寄，壽無金石固」）以後，就被一再喟嘆不已的關乎生命和光陰的悵然樣子。

如果沒有什麼起色和奇蹟出現的話，人們都會在駕駛三輪、種植蓮藕、收割小麥、販賣蔬菜或是類似的工作──譬如做官、教書、寫作、送信的漂泊著呼吸的過程中，在與時間賽跑的過程中慢慢缺失氧氣、慢慢疲憊不堪，慢慢從風光無限跑到荒涼一片，怎麼追都追不上那永不停息的不敗的日子。在每一個的體內，也都有另一個中性的人存活，他（她）在絕大多數時間都左右著我們的內心，不分白晝，無論夢醒。他（她）跟我們一同工作、休息、歌唱、做愛，還一同坐上飛機，去遠遊，嘗小吃，飲紅酒……終有一日，我們這些心的夾層行李裡裹帶了中性人的人，因為慢慢多了負重，而少了氣力，從此再也跑不動了……我們緩緩地停下身來，將腰彎下，肩背放倒，毫無表情地望向遠方的地平

線。然後閉上眼重重地躺在了大地的懷抱裡......關於曾經存在過的自己的生命，徹底遺忘，連你的喁語也全部忘記。

最後是，所有人。

這好歹讓人有了點安慰，乃至安全感。

——反正是：所有人。

這樣想未免太過幼稚。但，還能有什麼更好的方法？！

即便一直存在，永不死去，誰又能走遍大地？那又火熱、葳蕤、又冷硬、荒寒的大地？

死亡是無可逃避的，尤其是在藝術中。譬如：我們很容易迷戀上電影裡頭那些華麗而頹靡的死亡，比如火飛鴻之死（《燕尾蝶》），比如本之死（《遠離賭城》），比如夕陽武士之死（《東邪西毒》）。別哭我最愛的人，今夜我如花綻放，在最美麗的一霎凋落，你的淚也挽不回的枯萎......這些場景讓我們覺得死亡遠比苟活美麗，於是我們開始大聲朗誦憂鬱的詩篇。可那樣的詩篇不是我們自身所能寫就的，完成它們的是顧城，是海子，是戈麥，所以他們像櫻花一般凋零了，而我們照舊渾渾噩噩地活著。我們的死亡很有可能如同《童年往事》中的母親與祖母那樣，痛不欲生，苦不堪言，坐以待斃，沒有煙花，沒有流星，沒有墜落的雲朵......我們在死去的時候甚至沒有了回首人生的力量。

我們其實根本就沒有回頭的膽量。

因為，如果我們回頭，我們明白只會看到白茫茫的一片，那空洞與迷惘令人心如枯槁、面如死灰。而卑鄙如我們，只配裝腔作勢或者玩味小情小調，在我們中間誕生不了塔可夫斯基那樣的大師，也誕生不了安德列•魯布耶夫那樣的聖徒。我們書讀到一半就睡著，電影看了個開頭就走掉，躺在床上無由煩悶，走在街上慨嘆無聊，愛上個把個人也覺得心累......何處才是心靈歸宿？要是真能像《鬥陣俱樂部》中的諾頓那樣把自己的藏身之處給炸掉就好了，正所謂置之死地而後生。我們就是沒

有身陷過死地，所以我們不懂得何謂掙扎。我們不掙扎，我們就學不會生存的技能與生活的藝術，我們只好繼續以夢為馬，飄浮在這人人隔絕著如同座座孤島的塵世......於是，我們學著朱希真，說：「人已老，事皆非。花前不飲淚沾衣。如今但欲關門睡，一任梅花作雪飛。」看著曠達，其實呢，還不是到底無奈？

我們只記得孔子在《論語•陽貨》裡說過的：「子生三年，然後免於父母之懷（小孩出生三年，一直是在父母懷抱中過來的，因此父母對子女有最真摯的愛）」，所以靈魂穿上囚衣，跟著他（她）死去，從此，失去了真正的愉快，不明白什麼叫做救贖。

唉，跟著儒家入世還是好的，但出世的哲學只有求助於跟它老打架的道家了——謝天謝地，道門傑出人物莊子用自家的事和自己的身體力行，給我們演繹了一段多麼有用的公案：《莊子•至樂》篇載：「莊子妻死，惠子弔之，莊子則方箕踞鼓盆而歌。惠子曰：『與人居，長子，老身，死不哭亦足矣，又鼓盆而歌，不亦甚乎！』莊子曰：『不然。是其始死也，我獨何能無慨然！察其始而本無生，非徒無生也，而本無形，非徒無形也，而本無氣。雜乎芒芴之間，變而有氣，氣變而有形，形變而有生，今又變而之死，是相與為春夏秋冬四時行也。人且偃然寢於巨室，而我噭噭然隨而哭之，自以為不通乎命，故止也。』」

喏，在這裡，莊子娓娓敘述了他對生死的認知——生命如同四時運行，而本無生，也本無滅，生死有什麼好悲痛的呢？死亡不是個斷滅。他主張全真保性，強調死生、存亡、窮達、貧富、賢與不肖......都是自然法則，天地與我是共生的，萬物與我是共滅的。這和孔子的那句「未知生，焉知死？」一脈相承。

記起佛洛伊德也說過的：「人生來就有生的本能和死的本能。」既然提到本能，就是無可抗拒而應順應自然的事物。比莊子的提法直接，但遠不如莊子詩意。

莊子還說：「物無非彼，物無非是。自彼則不見，自知則知之。故

曰：彼出於是，是亦因彼。彼是，方生之說也，雖然，方生方死，方死方生，方可方不可......」哦，遠在幾千年前的他已經認識到彼和此、生與死互相依賴，彼此轉化。

而彼此轉化的媒介是什麼呢？這媒介就是「氣」。在古代，氣是個很基本但又非常重要的概念，它的涵義也很豐富，除了表示通俗的空氣或呼吸外，還被用來指向生命力或是使自然萬物得以生存繁衍的基本材料和內在的原動力。他的意思是：氣為形體和生命的基礎，人不過是氣的迴圈的一種形態或者是一個環節，因此，人，不必戀生惡死。而只有順應生命走向和際遇，才可以獲得純粹的、個人的、精神的自由。

為了得到進一步的安慰和安全感，我們可以這樣引申他老人家的教益：自身死亡不值得懼怕，鍾愛的人去了也不必哀傷，因為靈魂繼續前行，而肉體則停留在原地。靈魂才是真實的我們，而真實的我們並未死亡。我們所要做的，只是珍惜每一個現在，用心享有眼前的幸福。我們不應再對自己的愛有所保留，吝於對他人付出，因為我們深刻明瞭，你我彼此的存在，都是極其珍貴而短暫的。我們更不會無益地浪費時間，嫌棄抱怨，或者渾噩度日，陳陳相因；相反地，我們清楚地抉擇自己要做的事，關心地享受所愛的活動，以安詳的心接受生命的一切經歷......這可不可以理解為世人都畏懼逆風步行、而求助順風行舟之外的棄風飛翔？

這是最快、最輕鬆的行路形式——行路形式的最高級。

這也暗合了他說的另外一句話：「乘物以遊心」。他一直生活貧窮，但他不在乎利；他思精才富，但他不在乎名。他只在乎飛翔這件事。

然而凡人大多無智，很多時候連什麼是「譬喻」、什麼又是聖人實際的驗證都分不清楚，就不要說因之而得以開悟了。拿這則典故來說，世人大多以世俗的倫理或庸俗眼光看待此事，或稱之為矯情，或指責之為無情，卻不知莊子的智慧完全是由於他對生死的深刻認知——也許他

並未全然瞭解了生命真相，但顯然，聖人都是走在眾人前面的人，因而看史上聖人常常蒙冤含垢也就不足為奇了。敬愛的他們該著如此——以至竟還有莊妻在他墳前搧扇子盼望新土快舊好及時改嫁的杜撰糗事來糟蹋聖人，簡直可惡。

可以為他證著的，還有他對於自己死亡的看法，好像比對之其妻更為放達：莊子將死，弟子欲厚葬之。莊子曰：「吾以天地為棺槨，以日月為連璧，星辰為珠璣，萬物為齎送。吾葬具豈不備邪？何以加此？」弟子曰：「吾恐烏鳶之食夫子也。」莊子曰：「在上為烏鳶食，在下為螻蟻食，奪彼與此，何其偏也！」

意思就是：莊子快要死了，弟子們打算用很多的東西作為陪葬。莊子說：「我把天地當作棺槨，把日月當作連璧，把星辰當作珠璣，萬物都可以成為我的陪葬。我陪葬的東西難道還不完備嗎？哪裡用得著再加上這些東西？」弟子說：「我們擔憂烏鴉和老鷹啄食先生的遺體。」莊子說：「棄屍地面將會被烏鴉和老鷹吃掉，深埋地下將會被螞蟻吃掉，奪過烏鴉老鷹的吃食再交給螞蟻，怎麼如此偏心！」

形體歸於天地，生死歸於自然。這就是莊子對生死的認知。

如此看來，這本遍披著草根和林野之氣的、薄薄的《莊子》呀，就是來救贖我們的那隻盆子啊——不說先秦諸子中，他對中國人的審美悟性和文學趣味啟發最大，說並世難得第二人也不過分，單讚他早因覷見了生死端倪，而迎風站立，面對跑不動的人，鼓盆而歌。他教我們鼓盆而歌。我們須得緊抱了這盆子，躑躅慢行，哪捨得迅疾慌張，一跤跌碎？

如此，有一面盆可以鼓，有一面風可以吹，便覺得，還有微薄的遮蔽、不多的氣力同生命的魔爪負隅抵抗，靈魂有了些著落，憂傷也可以長不到大。

讀著《莊子》，想到那個同樣悟透生死的外國人：電影上那個伊朗

男人巴迪——他在櫻桃樹下挖了一個坑，然後去尋找一個能將自殺後的自己埋進去的人。沒人願意幫他，因為宗教啊、人道啊、制度啊、法律啊，隨便什麼都是不允許有這樣的、「助人為樂」之事發生的。或者說，大家都怕死，即便那死亡屬於另一個軀體。掙扎而回的巴迪最後躺在櫻桃樹下，望天而笑。這很無趣，我們到底體驗到了什麼，是生之璀璨與意蘊嗎？又或者果真生亦何歡死亦何苦？總之那個坑是白刨了，阿巴斯不知道刨坑的苦力有多辛苦，在伊朗那個地方，這種人一年到頭苦巴苦做恐怕也賺不到三五兩銀子，說不定他一絕望就把自己給埋進去了，然後他那臉色黑紅的老婆坐在墓前哭天搶地，痛不欲生......跟有關莊子的那個話本情節一般無二。

莊子眼裡的人生更像電影，電影不就是一場夢嗎？再長短悲喜簡直曲折輝煌灰敗......都不過一場混沌的夢遊，莊周夢蝶抑或蝶夢莊周。人生又怎麼不是——個個是蜾蠃螟蛉螻蛄蜉蝣......是「蟲子邊兒」，哪個能螳臂擋車？

就像這個流火的季節，整個國家一致尊敬的、鎮宅之寶一樣的老人們相繼或同時離去，然而太陽照樣深沉淵默，金光四射，夏蟬照樣在枝頭按兵不動，歌唱不息。

聽話吧，聽那不老先哲鼓盆而歌的勸慰：

既然死亡如此容易，如同出生的容易，「人於不死不生」，那麼，有什麼理由，不好好微笑？抓緊時間微笑？到哪裡去了也記得微笑？

既然閃轉騰挪躲也躲不過，那黑夜，那麼，黑夜再黑，就當看不見，就讓生命——就讓它，展開亮如白天的翅膀，「遊乎塵埃之外」，棄風飛翔，通往蒼穹，也指向大地。

藝術來處

——讀書筆記之四：論說論語

《論語》是我自己案頭常駐、自娛自樂的一部書。

它自然有嚴肅的讀法，我也端正地讀過，寫比較重大題材的東西時，有時想到它的嚴肅意義。另說著。這裡只說它不嚴肅的讀法，還侷限於探詢藝術的來處這樣一種的讀法。

日常裡，我從來不把它當成嚴肅書——它哪裡嚴肅來著？它淺白如話，述而不論，處處自得，時時自得，好玩透了。即便哲學，也是最自得的來得紮實和有趣，你不得不相信。

一、拉雜說「氣」

《論語》，它看起來並沒有西方哲學那種系統性（我當然喜歡西方哲學的系統性。另說著），但它有自己完整的美學精神和絕不低俗的審美取向，並且，絕不粗暴，不強調迅捷、明瞭和一剎那的視覺震撼力，倒時常有一種溫煦的人文關懷的意蘊在裡面，精緻、素樸、美輪美奐、意味深長、氣定神閒、渾厚、充滿禪意、儒雅、飄逸、靈動的，這就是東方藝術總的氣質。它的每一個詞彙乃至每一個句子都是圓融的，多面的，涵蓋了許許多多未曾說出口的內容。有時是無須說出口，有時是說出口就沒意思了，有時是不屑。

說白了，《論語》是一本需要悟的書。

而「悟」這個字簡直就專屬東方。承認不承認的，任何事物它都有自己的靈魂，這靈魂秉持自己的氣候，發散出一種氣息，即東方哲學上講的氣。

這種東西到底是什麼呢？我覺得是一團混沌，只能朦朧感覺而不能言說的東西，有點像最初的愛，但那又遠遠不能作比。在藝術裡，可不可以理解為流轉的精神，以及與其相關的氣韻、氣質、個性、志趣、情

操、風貌、骨格......等？它來自全息，是最本質的藝術的來處。孟子說過：「吾善養吾浩然之氣」，中國人也好講究個「精氣神」「文氣」、「生氣」什麼的，其中的「氣」就是這個「混沌」，這個「不能言說」。

關於「混沌」一詞，翻開詞典，見釋意曰：「指宇宙形成以前模糊一團的景象。」中國人喜歡含蓄，認為「含蓄」即美。「混沌」本身就體現著一種不確定耐人尋味的因素，這和中國的古典哲學與宗教相關聯。譬如，中國古典繪畫所體現的「空」、「靈」、「氣韻」以及「墨分五色」用有限的筆墨表現無限的意境等美學思想，都是為了在尋找一種不確定的混沌美。

同樣，中醫也好，中國的京劇也好，中國的詩歌、書畫、歌舞也好，乃至求卜相馬（對這些門類我也有保留看法，但它們孜孜以求、自成一家的智慧還是值得尊重的），都是來自心靈的全息，看氣息。這是和西方的理性和推理不同的地方。一個民族如果全部丟掉自己的來處，那麼弒母後的天譴是誰都不願意看到的。這絕對不是危言聳聽。

氣是需要養的，需要集義養氣，義就是善。

而《論語》正是這樣一部集義成氣、瀰漫了迷人之「氣」的偉大著作。

不能不說，我們這個民族是個特別偉大的民族，靈性十足——忘了是不是辜鴻銘說的，是個「深沉、博大、樸實、靈敏」的民族——哎，非常奇怪的是，只要一提到自己的民族的好，略略敘它的優秀，就會有人跳出來大罵那讚著它好、它優秀的人，彷彿只有自輕自賤才稱他們的心。不，不要那樣，那樣就徹底無藥可救了。

至此，記起禪宗裡一個有意思的公案，說前面是壁立千仞，後面是萬丈深淵，你怎麼辦？好多人會答：我站著不動。

而這種思維恰恰是極為冷靜、嚴密推理的。而藝術，尤其是東方藝

術，恰恰不是特別需要這種思維。《論語》因其瀰漫首尾的質樸、隨意之氣，恰恰長成為最好地詮釋和引導我們藝術思維的著作。孔子說「隨感而應」，正是這樣中肯的勸誡。去仔細看看，夫子的著述（不單《論語》）裡整個談的是這樣一種「隨感而應」的思維方式。

藝術不是軍事，不是革命，遇到了問題，想著怎麼解決，怎麼辦。它混沌一體，兼善天下。這個「兼善天下」，我想在目前，就應該更加和社會掛鉤，掌平衡的功能：社會是緊張的，它就該是鬆弛的；社會是浮躁的，它就該是沉靜的；社會是物質的，它就該是精神的；社會是強硬的，它就該是和平的；社會是工業化、庸俗化的，它就該是植物化、出塵化的......如同一對好的戀人，你雄壯，我溫柔；你英俊，我美麗；你疲憊，我捶背；你難過，我安慰；你陷落，我赤膊；你積弱，我逞強......相互映襯、補充和撫摩、照拂，才和諧——和諧是個多好的詞，從兩千年前拿過來用在當下也算明智之舉。這又豈不是傳統的妙用？傳統可不是簡單的復古，這道理傻子也知道。中國的東西是一體化的——京劇是，書畫是，中醫更是——可還如你所知，自從分科以後，中醫就開始走下坡路了，一直走到今天，還沒有停下來的意思。

對於傳統文化，包括《論語》，我理解總的來說就是一個歸一的理論。這是我們最本質、最需要守著的東西。事實上，他們一不看著我們，我們就掉進火坑。而一旦撒手，我們的藝術的氣就散了，就不和諧了，更談不上去博什麼大什麼，精什麼深什麼了。甚至變質，最後遺憾地扔掉。那該多麼地可惜！

新經濟時代給我們提出了新的課題，這個時代考什麼？考我們的思想、我們的智慧、考我們的觀念，考我們的定力。這是我們這一代人要做的。

二、洞徹就好，不必獲得

《論語》給我的另外一個感覺就是：它和藹，並說老實話。但這不妨礙它陽剛正大，光芒四射。一點都不。

這不是件容易的事——現今國人對家人、好友笑咪咪挺自然地說的話，與他們在單位、社會場合端著架子繃著臉裝模作樣說的話，尤其是平時在會議上字斟句酌只會「嗯啊這是」跟相聲裡捧哏的一樣所說的話，還不是完全兩套（或多套）語彙？這已經引不起我們的大驚小怪。哦，同《聊齋》中「花面迎逢，世情如鬼」的描述也差不許多了。

如你所知，孔子的思想核心「仁」即「愛人」。他把「仁」作為行仁的規範和目的，使「仁」和「禮」相互為用。主張統治者對人民「道之以德，齊之以禮」，從而再現「禮樂征伐自天子出」的西周盛世，進而實現他一心嚮往的「大同」理想。

因此，它的和藹和老實無處不在。

弟子三千，孔子靜坐。弟子隨意亂講，他都有耐心作答，而其間並無半點限制和隔閡，即便是頂撞或反對也絕無報復。那種氛圍就是上面我們說到的氣，氣場，教人愉快，身心舒朗。我們多麼神往。如：孔子對子路——哦，這也是我非常喜歡的一位孔子弟子，他率真慷慨，能和朋友一起分享他的車、馬以至衣服，且耿直得可愛——孔子對子路的很多言行就跟個嬌寵壞了孩子的母親一樣，毫無辦法，被忠實記錄，也凸顯了孔子和藹得可愛：

一次，子路問，如果衛君要他執政，他將先做些什麼。孔子說：「必也，正名乎！」子路居然敢嘲笑他：「有是哉，子之迂也！奚其正？」孔子教訓說：「野哉由也！君子於其所不知，蓋闕如也。」而後說了一通為政先正名的大道理，不過十分稀鬆綿軟——呵呵，較之子路梗著的脖子。

還有一次，孔子去見衛靈公的夫人南子，對那女子是有好感的，不覺時有流露。子路則對自家夫子那樣子看不順眼，不高興——難怪，那

孩子一向被孔子愛著，又不會掩飾，什麼都擺在臉上。急得聖人老人家只好賭咒發誓的：「予所否者，天厭之！天厭之！」語氣上很有些無可奈何。

關於和藹和說老實話最著名的那一段，我們上中學時就已經入了課本，至今背得嘩嘩地：《先進》章中，聖人與眾賢子路、曾晳、冉有、公西華在一起，令他們各言其志，子路冒冒失失，搶先作答，說了一通鏗鏗鏘鏘的大話；冉有、公西華以虛懷若谷的語言表述了自己的志向；而後是曾晳，最天真無鑿的曾晳，他說：

鼓瑟希，鏗爾，舍瑟而作，對曰：「異乎三子者之撰。」子曰：「何傷乎？亦各言其志也。」曰：「暮春者，春服既成，冠者五六人，童子六七人，浴乎沂，風乎舞雩，詠而歸。」子喟然歎曰：「吾與點也！」

唔，你看，孔子是就是，不是就不是，即便被學生問得張口結舌，被路遇的農夫罵成「五穀不分、四體不勤」也不慍怒，還上趕著尊稱人家為「隱士」，從來不裝大頭蒜，跟他教導的「知道就知道，不知道就是不知道」一樣，坦白無欺，純稚可愛。

而且，孔子並不是個死板教條的人，對於人性，孔子也有深刻的洞察。你知道《詩經》裡有一篇《小雅•唐棣》，在評論「唐棣之花，偏其反而，豈不爾思？室是遠而」時，孔子說：「未之思也，夫何遠之有？」即：這還是你不想念對方啊，如果真的想念，有什麼遙遠的？這正是不讀孔子的人皆以為刻板的孔子對愛情最精闢也最準確的理解呢。

其實，那種溫煦同和藹、老實一樣，是詩歌乃至一切藝術的最好處——甚至溫煦更好呢。瘋狂，弄巧，以至於裝自然純稚（而今「裝自然純稚」這一項正髦得合時），都是做藝術的大忌諱。自然，那種溫煦也是我們學著做人的一個尺規。所謂「君子溫潤如玉」也正指的這個。

沒有，我沒有覺得像通俗的、紅得不行的解讀一樣，解讀到孔子教

人「怎麼樣才能過上大家想過的那種快樂生活」。正宗儒學多麼理想主義！多麼公道人心！通俗解讀又是多麼實用主義！人情世故！它們簡直是一對反義詞呢。孔子又哪有這麼複雜——他是最雄健簡樸的哲學家，來自人類最迷惑也最渴求、最浪漫也最純真的時代，一生講究「內聖而外王」，眼裡一絲不夾淫巧小慧，想著念著的全是「人間蒼穹，無涯理道，生命萬象」，即那些救世的良方，混沌的大道，和度漫漫人生到蒼茫彼岸的明燈——明燈照處，是洞徹的喜悅，而不是獲得的笑開——甚至將一些圓滑世故、無原則隱忍、消極對待貧困甚至阿Q精神都強加給《論語》，而這些思想正是孔子所批判的，這後果是使得不懂《論語》的人就此錯誤地理解了孔子思想。記得那時，國君動輒賞賜臣下黃金百斤、千鎰的，聽起來蠻嚇人，其實，據考證，到那些人手裡的，大部分是黃銅。一個連黃金和黃銅都分不大清的時代，它除了打打殺殺，是沒有餘力——多餘的腦力——去思索快樂生活的祕訣的。它只能粗粗想想大道還想得腦仁兒疼呢，還顧不上其他。

而過上快樂生活就是這個「笑開」。我不反對笑開，笑開是件好事，非常好的事，只是同《論語》無關。笑開是非常複雜、非常熱鬧、非常瑣屑也非常麻煩的，其教益職責是社會學家和生活指南家們的，今天飛來飛去，忙成陀螺，做著聲聲入耳報告、聽如雷貫耳掌聲、回家數叮噹悅耳銀子的那些喧嘩的、胭脂的學者文人，大眾情人一樣。

所以說，雖說媒體很多在講「大眾情人」的好，說至少是讓百姓都去讀經典了。文人因此賺錢，還上了富豪排行榜，也正讓文人們揚眉吐氣。可是，將《論語》中的「唯女子與小人難養也」其「小人」就是指「小孩子」，這真是滑天下之大稽。這不是《論語》，甚至是反《論語》，沒有一定儒學知識的人，很難進行分辨。這樣隨意的「解讀」比比皆是。然而，如果都去那樣讀，不但錯誤百出，更可怕的是，把渺渺星子讀成隨口可啃的、甜蜜的蘋果，或一個隨叫隨到、殷勤的侍應生，為生活服務、笑得不再思考如同傻子——在一個傳統文化斷層猶如鴻溝一樣的今天，對於傳統經典的詮釋應該比別的時代更嚴肅、更不走板才

好，否則就是在思想謀殺，而對思想的謀殺，是比對肉體的謀殺更可怕的。

國學？什麼是國學？我們怎樣理解國學？「國學熱」又是熱的什麼？如果形成外旺中空虛的火，過了那勁兒，風吹吹也就滅了，滅得死心塌地，我倒覺得還還不如先高高地置在腦袋上頂著，隨著閱歷、學識哪怕年齡等的增長，人生的深度都會多少有所提高的，到那時取下再讀，感覺也比現在要超拔一點的。況且，總有一部分人，他（她）不管不顧，正襟危坐，端正持有，以心度心地讀著它們，並薪火相傳。歷史這麼盲目，他老人家不會把那樣強大的甜蜜和殷勤的解讀，帶到後世、以至於混淆了歪正吧？

到底塵歸塵，土歸土，自然來得去得的好，有時操心過了，山河走樣，過猶不及，招魂不得，反成為讖語。

而《論語》簡單至極。真的，至極。而其最終目的，是要自己的學生不但求得內心的安寧和快樂，更要有所擔當，為民解憂。《論語》月亮一樣，坐了變幻的雲彩，這破舊、沈實、略嫌執拗的木車，慢慢地逡巡，帶著幾分讓人心疼的孤寒。

顯然，安靜的孔子，不要求最得意的學生顏回站起來領掌的他，還夠不上大學者們的那個格（恐怕他老人家做夢也夢不到我們現在拿他做什麼用）。

同樣，藝術的來處也是如此：它不是獲得，是洞徹。

換個說法，就是：洞徹就好，不必獲得。

三、靜水深流

接上次，自然該說到靜的價值。

「水靜猶明，而況精神」，要照徹，哪個也須靜來輔佐，水或人。

19

孔子是靜的，他的哲學思想也是靜的，語言更不用說。

在《論語》裡，他說：「……譬如北辰，居其所而眾星共之。」意思是：北極星是恆久不變的，穩定的，而圍繞它不停運轉的那些星星都是小，更加活躍的。靜是十分有意思乃至有用的東西，我們應當眼睛不眨地守住的東西。

孔子還盛讚顏回：「一簞食，一瓢飲，在陋巷，人不堪其憂，回也不改其樂……」，他讚的也是顏回難得的靜。

當下有一種說法，是斷的近代國畫大家石濤的句子，十分地流行，似乎還將有盛行不衰、準備傳世的意思在了。這說法就是「筆墨當隨時代轉」。這說法本來也不壞，求創新的意思，任何一門藝術沒有不斷的、隨時的創新就必定滅亡，這當然無可厚非。但被歪嘴和尚給唸走了形：求奇、求怪、求醜、求快、求民間（譬如一味迷信敦煌抄經，豈不知當時那抄經生是啟蒙描紅的水準，不過是賺口飯吃，你迷信不是自絕？對於古代藝術也是有鑒別吸收來得好）一陣風來、一陣風去的藝術主張，有的都近乎了邪惡。在一些大型書展上，還有人將這句被歪曲得挺胸疊肚、奇奇怪怪的話寫出來，漂漂亮亮、高高大大地裱糊了，堂皇地展出。我想它實在是汙了人眼，尤其是孩子們的眼。如此大興其道，到最後，還會殃及到他們的心，是極端有害的。而孔子還講：「君子不役於外物。」你筆墨隨時代轉了，跟個向日葵一樣，哪裡光亮哪裡仰望，你還有什麼心思低下頭去，紮實地思索？而藝術，無論哪一種，有什麼能離得開思索？仰望倒差點事。完全可以俯視內心，而省略了仰望太陽。

古人說藝術時，有說法叫「立足怕隨時俗轉（有時我父親還會加句「留心學到古人難」，給它湊個對兒，寫成條幅）」。這和上面說的「筆墨當隨時代轉」基本是一對仇讎。知道吧，由此形成的藝術陣營也自然不共戴天。因此，所謂的「當代派」和「傳統派」就出來了，並相互對著，罵個不亦樂乎。哎，夫子的話又不禁隨口溜出。因此說，傳統

的東西深植我們的內心，不知不覺中已經滲透到了我們骨頭縫裡，你想擺脫只能剔骨刮去。你敢說你能嗎？我是不能了。我也怕痛。

現代徐悲鴻說過，勿慕時尚，一意孤行。這話說得夠執拗，也夠明確。他是中國西畫和國畫結合得最好的大師之一，可是你瞧，他的主意多麼堅定。因此，他才成為大師，而別人不能夠。

孔子是幫助人們磨鏡的，並不是鏡本身。將孔子言說當成文物去研究和貶斥，才真正迂腐。孔子之學所遭到的破壞至大，以至於想找一個好老師修習都非常難。而銳意「創新」者又太多，這種人沒有一點益處。現在所謂的「筆墨......轉」云云者，恰恰是要把它學術化，變成一種僵化的理論體系。這可能是我們、包括那些一心一意廢除傳統的人所共同不願意看到的。

世界是千變萬化的，動態前行，而總有一些東西萬變不離其宗，是常態的，相對守常。而只有這樣，有動，也有靜，靜出於天，動來自地，陰陽相交，萬物叢生，清氣上升，濁氣下降，這個世界才能保持平衡和和諧，呈現一種秩序美。「知常守靜」，這樣四字普通的、孔子的哲學老師老子的諄諄教誨，目前大概總不如「知足常樂」更深入人心。因此說，沒有人靜下來，沉下去，精深地思索，是我們這個時代的大忌。我們中了忌，就像中了蠱，藝術卻是那麼脆弱的心腸，像一個養在深閨、弱不禁風的嬌小姐，經不起太多喧嘩時間的炙烤。況且，還有物質主義保了喧嘩的大駕，跳出來，不斷光臨明晃奪目的舞臺，作著傾情演出......瓦解了靈性，拘泥於名、式，以偷窺為事，以希奇為能，視而不察，思而不明，淺嚐輒止，信口開河......這是我們最不願意看到的事。

現在的某些作品或藝術很「鬧」，大有「語不驚人死不休」和「搜盡奇峰打草稿（這兩個著名的句子也被世人扭曲得失去了詩人和畫家的本意）」的味道，不懂得靜觀的妙處，「藏」住一些鋒芒。其實一個好的作品或藝術，根本就不需要特別地用多麼強烈的表達方式去表現，冷

靜低調則更顯睿智和力量。你的東西用力太過，做過頭了，怪偉了，不靜了，只能像二流或三流搖滾──你知道，很多所謂的搖滾只是形式看起來像搖滾，究其精神力量卻是蒼白無力的，而有些慢吞吞、老紮紮、只有一把木吉他伴奏、看似瘖啞、不大經意的聲音（譬如鄉村音樂），卻讓人莫名震撼。這裡面的奧祕是什麼？

也許有人說，靜了容易影響眼界。這實在是擔憂得多餘，簡直可笑了。做藝術不是做單純的旅行家或其他什麼，一個真正的藝術家，他不怕親手挖一眼深井，坐進去思索──任何真正的藝術家都是深刻的思想者，他的思想的王國是無窮大的，軀體才不過是個寄身之所。反而是，如果他一旦身陷繁華了，那才真正是危險之地，他怕死了──他就有了一個很可能被膚淺擱淺、被躁動打動的未來。他靜著，一切便都在他掌握中。「事無大小，心自無窮」，他愛萬物，萬物也便愛他。這就是中國哲學裡的「對應」說。這「對應」還有其他表現，正像歷史上有多處記載，哪個朝代不尊孔了，哪個朝代就謬論四起，國家混亂。這樣的例子還少嗎？也不算遠。

正人心是文明的根本，人心壞則宇宙壞，正如放眼史上，貪官多不可怕──抓一抓殺一殺、擒賊擒王即可，民風壞才真可怕──忙不迭了，都成風了，要抓、殺哪個？而文明的指標，真正的現代化，是人的現代化，心靈的現代化，然適彼大荒，謊言、拜金、躁動和桎梏在全球範圍內的充斥，誠信、理想、純潔和真摯這些美好字眼的缺失，都是和聖人教誨相悖的。這些，你一眼就可以看出。固然我們文人手無寸鐵，有時也被譏為百無一用，難道靜一靜的可能性也沒有嗎？

靜很難，正像務本色很難。靜了，務本色了，不老想著轉呀轉的，就有了端詳的心情，打量的可能性，對於社會，對於細節，對於人生，對於生命……出來的東西就有希望是質樸的，沉靜的，不蕪雜多變的，堅實有力的。如此這般，像馬口鐵的堅定，像恆溫器的恆常，如高僧入定，「閉門便是深山」，便可以養神、養氣，從而神清氣爽了，腦筋也

轉得快、轉得優質——不是筆墨的那個轉。離開了腦筋的優質轉動，其他的轉動都白搭，只有減分。

這就回到了我們第一個小題目上頭。

唱得響亮

——讀書筆記之五：那春那秋

拔掉智齒，留下骨頭，讓文字顯示它自己的力量，讓精神顯示他原本的力量。這就是《孟子》，一個思想者舉起手臂，用好聽的男中音莊嚴朗誦出的人生宣言。

智齒往往簇新、潔白、顯性，而漂亮，但那鈣是無用的鈣（如和他同時代的唾液橫飛的思辯家和縱橫家），拔掉也罷；骨頭陳舊、蒼老、隱潛，而平凡，但那鈣，是支撐的鈣，錚錚作響。骨頭支撐一個事物——一個人，也就是一個人群；一個個體，也就是一個集體；一個家，也就是一個國。

其實，書和人一樣，是有它自己的力量在的。只不過，也如同人一樣，一團原本好好的精氣，在這個喧囂的世界上，被左支右突的這個那個、無聊無趣的事物所肢解，所損耗，於是也就泯然無影了。

我希望自己能獲取一點這力量。

孟子的「迂闊」

孟子是儒家，恪守儒家的師門規矩，不肯做太大的變通，恥於談霸術，也不為享樂所動——他見梁惠王，「王立於沼上，顧鴻雁麋鹿，曰：『賢者亦樂此乎？』」

哦，見齊宣王，竟也有類似句：「齊宣王見孟子於雪宮。王曰：『賢者亦有此樂乎？』」

讓人恍惚間不得不懷疑王們問道的誠意──簡直炫耀，甚或撩撥。好像是在對著一寒素貧家，出示黃澄澄金子。是啊，他們這些「賢者」擁有天下，且國富民強，有足夠炫耀和撩撥的資本。

好在，我們知道孟子還有一句「富貴不能淫，貧賤不能移，威武不能屈」，他是一個實踐家，精神豐足，儘管大言，卻從不空話（在孟子其時，空話者還是大有人在的，當然不乏金聲玉振，但也不少像濫竽充數的那個南郭先生的難聽的樂句），甚至，在生活中也是能仕則仕，不能仕就罷，好像也不是特別在意事業上的成功──我自己以為，這十分難得。君不見，為什麼人類幾乎在人生的大水裡全軍覆沒？是因為你縱然傲然於「利」，還是會拜倒「名」下──幾乎逃不脫。而我們看到的他，卻總是一副模樣：不朝秦暮楚，也不助紂為虐，不彎腰弓背，也不獻醜諂媚，謀求的不是個人待遇的多寡，和「樂此」、「此樂」的樂不思蜀，而是社會制度的改良，是天下的「平治」......這當然就是孟子同當時遍佈朝野的縱橫家們的根本區別。我們簡直都沒資格誇他一句古代活「雷鋒」。他木秀於人群這個「林」，秀得忒高，褒貶都搆不到他。

他因此特別丰神俊朗。他一直那麼丰神俊朗。

這和《史記》中對孟子的評介比照來看就更一致了。找來翻：「孟軻......則見以為迂遠而闊於事情......」。小時候常聽到叔叔伯伯常笑一個人（哦，常常是笑父親）「迂闊」、「迂闊」的，聽得多了，就瞎猜猜，知道「迂闊」就是不合時宜。

當然不合時宜──父親曾做過這樣的事：把別人求自己辦事的條子在會議上弄個臉盆一把火燒掉，得罪了所有人，這已經夠傻，而孟子大儒，他老人家出齊入宋，去魯奔梁，奔走其間，席不暇暖，並忍垢納辱，還不是只為了匡扶天下，救民水火？他寧辭不接受自己去霸道、行王道的治國大道的君王賞賜的10萬鍾皇皇俸祿，而離開。可是啊，我們

教人敬愛和心疼的先知，他行在都城附近荒涼的小鎮子上，不走啦，偷偷滯留了三天，茶飯不思，朝暮翹首，手遮涼棚，向遠處張望，久久不捨得離去──這是怎樣的矛盾？又是怎樣的柔腸？絕非有的當世之人懷疑的「他矯情」──矯情做什麼？明擺著，他犯不上欲拒還迎假惺惺，真不如馬上眉花眼笑揣起了10萬鍾銀錢、再趁熱打鐵提點具體要求（譬如房子、車子、兒子農轉非什麼的）來得爽快，鮮衣怒馬、揚名立萬，面上光彩，還裡子實在，過錦繡人生。而那樣的不謀小私而胸懷天下，那樣的壯志未酬的癡情酸楚，那樣期待君王一朝想通改變主意召回自己、採納大言而造福天下百姓的苦心不甘......我們幾乎伸手即可捫到......唉，我們自己是做不到了。

是的，當然是造福，而不是造孽；當然是造福天下百姓，而不是造福天下君王，更不是造福自己。「仁者愛人」，窮、達無拘，善其身、濟天下方為根本。

喏，您瞧，差不多從對孟子的評介這裡開闢了這個詞語：「迂」，執著，堅持；「闊」，淡漠，遼遠。又倔強又高遠。

符合這樣評介的，只能是個半神──我們的父親，我們的導師，可不就是半神？

想起商鞅見秦孝公，開始談的也是帝王之術，秦孝公聽不進去。後來商鞅便談霸術，這下成功了。商鞅是個聰明人，他是投其所好，君主愛聽什麼說什麼，什麼符合君主的利益說什麼，怎樣為君王計（其實為君王計就約等於為自己計）就怎麼說、怎麼做，當然成功──不成功才怪。

孟子若能以霸術博得國君的喜愛和信任，小試於國政，有所成就，然後再談王道，相信效果會更好些。但孟子畢竟不肯做。是他傻，還是我們？

商鞅倒是降格談霸術了，後來事業取得不少成功，為秦王鞏固統治

也做出了貢獻。但他竟也沒有重談王道。是他自己本來就不堅守王道，還是時機尚不成熟？或者他本來就不是真正的崇尚王道？我們無從知曉。

假如有一個百姓，處於兩國之間，一國用的是賞罰，打仗打得好了，就會很快陞官發財；另一國用的則是人性的濡染感化和平素的點滴教益……他會傾向於哪一國呢？哪一國會窮人乍富、嘴臉儼然，哪一國又會一直在那裡悄悄積累、面容沉靜呢？

不知道。

恍然覺得儒家如春，秉天地之生氣；法家如秋，秉天地之殺氣。其實，於國於家，仁慈和威嚴都少不了，各有各的用途和效果吧。

別跟我吵，我不是尊儒倒法派，或是相反。我只記得，孟子的「迂闊」。

孟子的「不傷根本」

讀《孟子》，常常羞愧。因為他所在乎的「根本」，常常是我們忽略而刪除的虛詞。

譬如這一句：「大人者，不失赤子之心也。」

——嘿，同老子在遠處說的幾乎同發一心。可見聖人們無論門戶，義理迴異，到底還是有其貫通之勢。也足見，不失赤子之心有多重要。就像有味的是清歡，懷赤子之心的，才是真正活過的人生啊。

我所理解的「赤子」，就是人原本應該有的樣子，就是那孩童的樣子。一直保持孩童的樣子很容易嗎？孩童果真那麼幼稚簡單嗎？唔，才不是。

讓我們輕輕拉過隨便哪個小孩子，細細打量他（她），只看他

（她）眸子，你便知曉真正的、原本的人的清亮澄澈；他（她）餓了就吃，飽了不鬧，寒添衣，熱去裳，需求常常僅限於身體所感，不知道金錢的厲害和可愛，不去想「價值」、「意義」、「人云亦云」乃至「人不為己天誅地滅」；他（她）看見一隻小狗或小蟲也憐惜悲憫，帶回家細心飼餵，它死了就嚎啕落淚，作塚掩埋，時常牽掛、悼念；他（她）愛誰就親吻，討厭誰就遠離，絕無矯飾和利益考慮，除了遵從內心指引，沒有其他蕪雜罣礙，也沒有索求和回報的心思；他（她）不計較，不算計，不隱藏，不仇視，不紛爭，不作假......要慢慢地，他（她）才墮落成我們這副德性。

　　聖人們追求理想的堅定和堅持是他們赤子的表現之一。一個人，要想活得激情，就得像孟子那樣，以「直道」養氣──以樸直篤實之道來養天地之間、小我胸懷之內的浩然正氣。或許有人會詬病孟子的「道德姿態」，但是，道德也有姿態嗎？我只知妓女和政客會有些姿態。道德是天地盛德，至大至剛，居正位，行大道，襟懷浩蕩，光明澄澈，自有昂然之勢，噴薄無礙，是無意也無暇作姿作態的──只涵養自我，又不接客。

　　有時掩卷想：我會嗎？為了心中清邁理想，那似乎迂闊無形的理想，不放棄？一直做下去？有壓力，也有誘惑，要怎樣才能盡力朝「赤子」靠攏？他會嗎？一個國，親愛的母國，如果積貧積弱，他倒是有沒有勇氣，做「赤子」，大力割去盲腸、癰瘡，清潔了身體、心地和德行，去促成新的成長？......會又怎樣？那貫徹力？夠不夠貫徹到底？夠不夠解放全部的能量？「獨善其身」和「兼濟天下」這兩個埠，要如何用心，才能對接優良？......做「赤子」，不傷根本，似乎是一個過分詩意化的命題。因為要生存，顧著衣食，怎麼去追求不當吃喝的玄虛理想？因為有傾軋，哪能不學著狡黠自保？因為身處競爭時代，如何才能安於一隅不被席捲而去？因為「人人為我（為自我）」，哪裡去找「我為人人」？因為虛偽有用，誰又捨得拋棄虛偽？誰敢不承認虛偽簡直成了這世間最真誠的一部分？......這樣的疑問一多，大家便將《孟子》大

言拋到腦後。我們當然也就離「赤子」和做人的根本——那些藝術的真精神、乃至生命的精華和鈣質——越來越遠，終於背道而馳。

然而，清醒的時候，我會悔恨自己的盲從——悔恨曾半路投誠，做成生命的囚徒，而不是主人；悔恨拒絕了妙齡十八的春，而轉身依傍了肅殺老朽的秋……我會重新將那些秉赤子之燭的鏗鏘大言從腦後翻到右半腦，整理，修葺，如同侍弄一畦心愛的春麥，那人類文明的童年最香最純的真葉。它多旺啊，像一蓬蓬綠火，燃燒熾烈，劈啪有聲……他唱得響亮，我聽得心傷。

跟隨吧，盡力地，跟隨那些勇敢的心們。相信並一直記著，總有一些人靠心頭微茫的星光活著，哪怕用口中的食物來作為交換。

聽著《孟子》來自雲端的陽光也似勵志大歌，獲得些鈣質，作支撐的力量，並不失根本，周身遍繞起清氣，像一名赤子、像一名真正的人一樣地活。這是在和先哲先後踏在同一塊土地上、我們這些「類人人」最高貴的理想——它在遠處，長如花似玉好模樣。

相信吧，不停歇行走——風雨也不——總有一天，會靠近，那「姑娘」。

東坡之迂

——讀書筆記之六：拍案說案

他的文稱「蘇文」，和他的老師歐陽修一起領導了北宋的古文運動；他的詩稱「蘇詩」，與門生黃庭堅並稱「蘇黃」；他的詞稱「蘇詞」，與辛棄疾並稱「蘇辛」，不僅是北宋而且是宋朝而且是中國詞史的第一人；他擅長書法，熟讀《水滸》的同學不會忘記梁山泊軍師吳用說當時天下書法有「蘇黃米蔡」四大家，他排名第一；他又擅長繪畫，他還在金石研究方面頗有建樹。

他還擅長釀酒、建築、遊獵、醫學、飲食，可以說無一不精。

就連政敵王安石也稱他「不知幾百年方出此等人物」。東坡是無與倫比的，當然排名第一。

....

眉山蘇家長子的這一生呵，才大則大矣，卻以壯懷激烈驚破起調，以無雨無晴清雋收尾，雖然始終都閃著青銅的孤獨和尊嚴，但兜兜轉轉，林林總總，總教人瞠目結舌——無論仕途，還是愛情；無論從藝，還是闖禍......嗳，那一次，他闖的禍可真叫嚇人，簡直開了中國以詩定罪的先河。從此，直到康熙、雍正、乾隆那會兒，也沒有放下這把砍砍殺殺的屠刀，並把屠刀「霍霍霍霍」在那一代代越磨越水潤的石塊上磨得更快，以至湯鑊、菹醢、凌遲、連坐......眼睛都不眨。按下不提。

北宋元豐年間，東坡被貶湖州。被貶的原因是：他不贊成王安石的新法。

其實，他在變法中完全可以見風使舵、順水推舟的，最不濟可以安步當車、閒庭信步，不蹚那個渾水的——沒有比這更容易的事啦，還不是照樣食俸祿、享天倫？以今天的眼光看過去，實在是有點不可理喻：一則神宗皇帝支持王安石變法，今天看來那可是「重點專案」、「獻禮節目」、「形象工程」、「*五規劃」......得用政治眼光看待它，反對變法就是反對上層建築、就是破壞大好局面、就是破壞銳意改革，不可謂不罪孽深重；二則，人家王安石原本對東坡有蠻大的知遇和提攜之恩的——自古以來，對於恩人，只有「滴水之恩當湧泉相報」，哪能以怨報德、做出讓天下人唾罵的事情？並且，還是因了不干己事的、國家的大政方針而鬧開？這不教人怒惱才怪了。況且那次變法，王安石老兄又是皇帝神宗當時頂紅的紅人，在當時的很多人眼裡，給他媚眼如絲地舔臉溜鬚都嫌邁速低，更別說政見分歧、矛盾尖銳了。但這個奮不顧身、城府淺薄的蘇東坡老先生，他在變幻詭譎的政治漩渦中，始終倔強地保持著自己的方向，沒有暈頭脹腦，和明哲保身——他跟他詠的梅一樣，打

算承當一冬霜雪──當面表示反對不說，還賦詩譏刺青苗法的流弊：「杖藜裹飯去匆匆，過眼青錢轉手空」......簡直不知死活。

唉唉，我們的東坡，他如同當時陰氣太重的體制最後的那件「T」形內衣，儘管幾乎完全擋不住什麼，但總算用僅存的一點點形式上的尊嚴，給了時代以微薄的指望。

這麼迕也就罷了，誰知還有後來的更迕：沒多久，新法落敗，轉了司馬光派風向，司馬當政，他又要替沒有功勞也有苦勞的王安石說好話（不得不插一句：在同等的事情上，同為文壇巨匠的王安石其實也是個好樣的，東坡因「烏臺詩案」被下獄候斬時，滿朝官員除蘇轍之外，再無一人敢為東坡求情，而當時王安石已被罷相，成為一介草民。可是深知東坡性情的王安石，不顧個人安危，立即以平民身份上疏為東坡開脫。幾乎一半的原因只為著廢相舊友潑命一諫，才免了同僚坡公兜頭一刀。對安石君，也捎帶著讚一個），於是繼續受司馬迫害。因此，雖然他惠政良多，但隨著走馬燈一樣的勢力上臺下臺，他總是踩不上點兒，只能是向南向南向南，被一路貶戍，直至當時最幽僻遼遠的荒蠻之地──儋州。就連他的作品──「文章動蠻貊」、膾炙天下、飲譽當時、傳與不衰的大作品，也被打著「紹述」熙寧的旗號加以毀禁。這裡有沒有那人對禁罷萬花會的「回報」呢？

哦，那人就是蔡京。

插一句：原來東坡在被貶去的杭州修了蘇堤後，馬上又被貶至揚州。他卻馬不停蹄，在那裡，汗都不擦一把，便飛速出手，罷了勞民傷財的芍藥萬花會，得了民心......萬花會，那是打點人脈、接受賄賂乃至獻媚皇上、歌頌盛世的大「好事」呀，卻不料，大大惹火兒了這個操作此會、論金封爵、在整個中國歷史上也數得著的一等一的大奸臣。這是後話了。哦，那些犬儒、惡奴、鄉愿和黨棍，渾身上下都淌著骯髒的膿血，他們對批評深惡並痛絕，還彼此墨染，已經誰都不覺得羞恥，誰都不彼此恥笑，誰都覺得必須拍馬的拍馬，殺伐的殺伐。當然還有，那些

「為藝術而藝術」的先生太太們，也是與犬儒、惡奴、鄉愿和黨棍，一副副一母雙胞、或笑靨如花或橫眉如刀好嘴臉。

東坡則是個例外。

這個「例外」，他以為自己心底無私，雪落無垠，卻誰知如此發軔於一腔熱血的「革命幼稚病」、「不曉事」、「不明理」、不管不顧、只「一肚皮不合時宜」、一徑暖老溫貧、憐小惜弱、把百姓頂在頭上頂禮膜拜的為人，還是為案件「雪崩」埋下伏筆。

這是東坡的第一大迂處，最大的迂處。

要論東坡之迂，哪裡有個完？

因為反對新法遭貶、等待奉調時，東坡循例向宋神宗上表致謝。本是官樣文章，但他知道自己被外放，是新法的施行者作了手腳，因此便按捺不住，在表中寫出了略有隱意的「知其生不逢時，難以追陪新進；查其老不生事，或可牧養小民」一句，以「最近」、「生事」詞諷刺投機鑽營之人，被御史李定等早等在暗處的小人抓住小辮子：這哪裡是謝皇帝您呀，分明是詆毀您老人家不會用人嘛......好在神宗素日是喜歡把玩東坡詩詞的，並且還沒有糊塗到完全任人擺佈——他說，哪有那麼嚴重？一個詩人，他能怎麼著我呀？

可是，在封建王朝，君王的好惡、臧否，以及人格的健全與殘缺、乃至不小心打個噴嚏，都直接影響著一個朝代的走勢。神宗顯然是棵耳根綿軟的牆頭草，他是連噴嚏都不會打的那種君王。這給那些一肚子彎彎繞的聰明人施展拳腳提供了一個良好的外部環境。況且，但凡迂人怕就怕這些暗地裡的絆子——他不防備，不機巧，也沒有那樣的心眼。迂人們在領導面前羞於說三道四，凡事求公正、對事不對人。他一心明月，率真無忌，怎曉得，如此行事，根本不敵聰明人在領導耳邊的三兩秋風，幾句烏啼......這也是迂人們的一大恨事吧。

也算東坡另一大迂處。

雖說僥倖沒被處死，然而一場牽連東坡三十九位親友、一百多首詩的大案早已因沈括的告密而震驚朝野。

總之，是一口咬定他膽敢譏諷皇上和宰相，罪大惡極，應處極刑。於是基本被架空了的神宗便下令，將東坡免職，逮捕下獄，押送京城交御史臺──烏臺審訊。

果然譁然如鴉！

東坡被押到汴京，關進大獄，審訊隨即進行。直接的罪證是別人為東坡刻的一部詩集，而最先把這部詩集作為罪證的正是《夢溪筆談》的作者沈括。

你知道，文人相輕，進而傾軋迫害，從來都是毫不手軟的，夠鐵腕兒。當然，東坡也不是沒有把柄可抓。就這樣，沈括舉出東坡的《杭州紀事詩》作為證據，說他「玩弄朝廷，譏嘲國家大事」，更從他其他的詩文中找出個別句子，斷章取義。如：「讀書萬卷不讀律，致君堯舜知無術」，本來東坡是說自己沒有把書讀通，所以無法幫助皇帝成為像堯、舜那樣的聖人，他卻說他是諷刺皇帝沒能力教導、監督官吏；又如：「東海若知明主意，應教斥鹵變桑田」，說他是指責興修水利的這項措施不對，其實東坡自己在杭州也興修水利工程，怎會認為那是錯的呢？最後，大「毛病」挑出來了：東坡《詠檜》詩中有「根到九泉無曲處，世間惟有蟄龍知」的句子，無恥新派和無德文人相互勾連，最終在神宗面前如此挑撥：「陛下飛龍在天，蘇軾以為不知己，反欲求地下蟄龍，不是想造反嗎？」

唔，說你有病就有病──沒病也有病。你敢張口？可以呀，可以往精神病院隨便送的，給你開藥，給你打針，還給你沒見過的電棍嘗嘗。難怪審訊後期，詩人已枉自歎息「心衰面改瘦崢嶸」了。

按照儒家以一貫之的詩教傳統，詩歌具有「美刺」時政的雙重作用，「美」就是讚美、歌頌；「刺」就是諷刺、揭露。但那時的專制王

朝卻只許「美」，不許「刺」。詩人蘇東坡銀鐺入獄的那一刻，已經被完全剝奪了言論自由，甚至因此遭到徹底的誣陷。

然而，詩人的勇敢的心卻沒有被剝奪——他的詩歌在那裡，中正，光明，他的詩歌描繪自己的肖像，然而也正如同沒有一幅肖像是完全真實的，因此我們說，詩人透過他的詩歌在修正自己的面孔——他從沒奢望自己是個完人，他只想做個正常人，一個良知猶在、善念尚存的人，他還從來沒擔心過腦袋會搬家。他無所畏懼。

要說起來，他無可指摘：他在官場樹敵無數，但無一個私敵，對於幾個幾乎使他半生顛沛流離的「好友」，他終生無半句惡言，還在其遭貶時，或挺身維護，或寫信安慰。因此「幾乎所有政敵都恨不能同他成為知己」也就不足為奇了，連最高長官都是既惱其率真性情又愛其傑出才華，不知拿他怎麼辦才好。據史料載，神宗皇帝進膳時喜聽曲怡情（也許有助於消化），歌女每唱鏗鏘激越之詞，「帝必投箸不能食」，撫案歎息不已。皇后和太監則忙以溫言勸慰，而皇帝多半會環顧左右半晌，凝眉問道：「蘇子瞻到哪裡去了……？」

他錯就錯在一刻不歇地追求著真——真是真理：追求真理，只服從真理，向真理致敬，為真理而搏鬥；真是真情：純真之情，袪除骯髒，袪除虛偽，袪除黑暗，袪除魔鬼……文字能表達真理，也能表達真情。因此，他高度先鋒地做成功了一名封建時代的公共知識份子，昂首向天，大聲歌唱，歌唱人性的堅貞、尊嚴、美好與高貴，並借了這力量，來打擊那些與之相對的力量。

同時，用他自己的話說，在烏臺詩案出來之前，他過去生活的態度，乃至詩歌主題，也一向是嫉惡如仇、不乏尖叫的——遇有邪惡，東坡便「如蠅在臺，吐之乃已」——這句他對自己的評價，倒讓我們不得不聯想到魯迅先生說過的關於戰士和蒼蠅的妙論。是的，他是戰士，潔白的戰士，雖然他也有脆弱的時候，譬如初到黃州，他苦於「自笑平生為口忙，老來事業轉荒唐」，並「明朝酒醒還獨來，雪落紛紛那忍

觸」，「畏人默坐成癡鈍，問舊驚呼半生死」……但，儘管這樣，還是魯迅先生安慰了我們苛刻的心：「有缺點的戰士終究是戰士，完美的蒼蠅也終究不過是蒼蠅」。

就是這位偶或也迷茫也無告也「已灰之木」的戰士，被貶至杭州時，在那首給一孔姓朋友的詩裡，他仍流露出對聲勢烜赫的官場的蔑視：「我本麋鹿性，諒非優轅姿」。不僅如此，他還替監獄裡的犯人幽咽，替無衣無食的老人哀號：他寫鄉村田園逸興時，起的題目卻是《吳中田婦歎》：「汗流肩赤栽入市，價賤乞與如糠粞。賣牛納稅拆屋炊，慮淺不及明年饑」；他歌詠「春入深山處處花」，也摸摸農民的口糧，農民吃的竹筍沒有鹹味，只因「爾來三月食無鹽」，直指朝廷的專賣壟斷；他寫被徵調的人民苦挖運河以通鹽船，言辭更加鋒芒畢露：「人如鴨與豬，投泥相濺驚」；他嘲諷賦稅嚴重，冷對千夫指：「人間行路難，踏地出賦租」，「而今風物哪堪畫，縣吏催錢夜打門」……哦哦，詩人筆端心頭冷冷暖暖人間事，一時哪裡列舉得全？

他恨貧富不均，寫大雨成災，以「農夫輟耕女廢筐」，與「白衣仙人在高堂」對比；也以「立杖歸來臥斜陽」飽食終日的御馬，與「山西戰馬饑無肉，夜嚼長稭如嚼竹」的戰馬對比；還以「富人事華靡，彩繡光翻座」與「貧者愧不能，微摯出春磨」對比；更以「千人耕種」與「萬人食」、「一年辛苦」與「一春閒」對比……真天地懸殊，雷霆萬鈞！

他指責積弱無為的朝廷，夢想「致君堯舜」——他渴望：「會挽雕弓如滿月，西北望，射天狼」；他探問：「持節雲中，何日遣馮唐」；他「狷傲」：「誰怕？一蓑煙雨任平生！」……其間，譏諷之苛刻，譴責之劇烈，毫端之尖銳，乃至肢體之憤怒都是無所不用其極的——當時的那個「極」。

而「禍從口出」、「言多必失」等被世代傳誦的成語，都說明了語言這「輕飄飄」的東西往往可成為人人恐懼的、投向自己的戈矛，使人

招致禍端，白紙黑字更有可能授人以柄，因此，國人總結出諸如「事不關己、高高掛起」、「不干己事不開口，一問搖頭三不知」、「不求有功，但求無過」，乃至「人不為己，天誅地滅」這樣無恥透頂、放之四海而皆準的「真理」來。這「真理」是生活裡便當、實用的大真理哩！

即便這樣，也不乏一吐為快、口無遮攔的迂人，他平時就隨口吟哦，縱情放言，如同全世界最著名的那個皇帝身邊說出不得體實話的小孩子，那個披了小孩子衣裳的戰士。

東坡的第三大迂也正在此處。

作為文壇巨擘、作品等身的東坡做事也蠻多，也夠好，觸處成春——一路遭構陷，卻一路赤子心：他滅蝗災，修蘇堤，興水利，賑流民，創獄典，傳學問，他寫詩歌，作辭章，能書法，擅丹青，精音律，懂美食......扳扳手指數數看，史上有幾個像東坡那樣純真、可愛、仁慈、並且具有人格魅力的人呢？連外國的都算上？但純真、可愛、仁慈、魅力這些優美的、軟軟的詞彙——凡優美的沒有不是軟軟的——它們構不成任何的自我保護能力，倒是一時逞得兇狂的是城府、邪惡、低賤和粗暴。他們在一定的催生條件下所向披靡。越是純真、可愛、仁慈、魅力......優美的，他們揉搓得越起勁，而正義、溫文、謙謙君子的、我們如林間清風、深谷白雲的詩人和戰士，面對這徹底陌生的語言系統和行動規則，他一定變得非常笨拙，縱然神勇，也有點無措，失去了起碼的思辯，無法完成簡單的邏輯。他在鞭笞下的應對，我想絕對比不過一個普通的盜賊。絕對。

具備足夠智慧和道德勇氣的詩人和戰士，他花朵般的咽喉被扼住了，只須輕輕用力，我們就再也看不到他了......哦，我們多麼倉皇！

「世事一場大夢，人生幾度秋涼」，每一個的生命其實都是被詛咒的，你成為你的緣故只有上帝知道，天賦、處境和偶然造就了生命追尋的方向，東坡也不例外。他被捕進京，長途押解，猶如一路示眾。在途經太湖和長江時，東坡都想投水自殺，由於看守嚴密而未成——當然也

很可能成。否則，江湖淹沒的，將是一大段尤其璀璨的中華文明。

文明的脆弱性也在這裡：一念或一步之差就會全盤改易，乃至全軍覆沒。而把文明的傑出代表者逼到如此地步的，竟是一群堪稱鼠輩的傢伙。我們所剩無幾、珍貴無比的精神面孔，蘇東坡們，被這些人潑上了汙水，還戴上了黑色面罩，推上斷頭臺......推上翻雲覆雨的歷史七棱鏡。

可悲的是，執中華文明牛耳的，常常是文明敗壞的敗類——那些主審和副審們，他們假模假式，貌似莊嚴，戴個假髮、著個絲袍、戴個肩帶、披個披風、敲個槌子......而執著權杖和刑具的，大多是一群擠眉弄眼、歡天喜地的蒼蠅，伏在被鞭笞出的新鮮傷痕上，妄想著，把戰士的屍體當成下一頓的口糧。

是的，是要打的：沒有，沒有什麼理由，你也沒專門得罪誰，儘管如你曾對你弟弟子由說過的那樣「我上可以陪玉皇大帝，下可以陪討飯的乞丐。我看天下沒有一個是不好人」天真若斯——可，別說別的（你人格獨立健康、心靈陽光燦爛、社會責任感強、又有專業優長......對了，你有，你什麼都有，你有愛妻還有寵妾，有富貴還有功名......呸！已經氣煞我等！）你寫那麼美麗的詩呀詞的就已經得罪天下了，還不該打？！打！打的就是你「淡妝濃抹總相宜」！打的就是你「老夫聊發少年狂」！打的就是你「有田不歸如江水」！打的就是你「十年生死兩茫茫」！......在荷爾蒙決定一切的年代裡，打人和愛人一樣，完全不需要什麼理由。

因為這個烏臺，這個烏七八黑的檯子，我們的意外損失還有——東坡進京走後，他的妻子王閏之(他第一任妻子王弗的堂妹)怕再生禍端，將東坡詩文手稿盡數焚燬，東坡前期作品因而大多淹沒。

哦，原來我們讀到的，這麼多光華萬丈的辭章，竟是文豪殘存！

而惡勢力不算完：非但誅你的人，還要誅你的心。它們會把人耗光

的。

　　東坡在不斷地被貶被貶被貶被貶……的漫漫途中，雖然依舊堅持道德操守，秉持正義之劍，搏打撲向眼底的沙礫，全然不聽穿林打葉的聲音——用「不聽」這樣巨大的戈矛，來打擊那打擊他的強大力量，卻漸次收斂了激越的歌唱和尖叫，越來越轉向大自然、轉向人生體悟的柔情馥郁、香氣馥郁的輕唱和喁語。至於晚年謫居惠州、儋州，他淡泊曠達的心境就更加顯露無遺，一承黃州時期作品的風格，收斂平生心，我運物自閒，從具體的政治憂患，徹底轉向了寬廣的人生憂患；從少年般的無端喟歎，漸次轉向了中年的睿智和老年的曠達——漸老漸熟，乃造平淡——哦哦還不是這樣的，那其實是一種光輝澄澈、親切寬和的諧諧：溫煦而成熟，洞徹而深入，使得萬物都相互效力，開拓胸襟有了餘裕。

　　瞧好吧您就——在瞭望大地時，他不再執著於「奮力有當時志世」，而是「小舟從此逝，江海寄餘生」；在執黑白子時，他了悟：「著時自有輸贏，著了並無一物」；在溫山軟水間，他豁然：「夜涼吹笛千山月，路暗迷人百種花。棋罷不知人換世，酒闌無耐客思家」……所以東坡遨遊赤壁，與水月相意會，發出了「天地之間，物各有主，苟非吾之所有，雖一毫而莫取」的喟歎……他遺世獨行，煢煢立，願做孤鴻：「挑選盡寒枝不肯棲，寂寞沙洲冷」；他幸遇知音，攜朝雲，淺吟低唱：「枝上柳綿吹又少，天涯何處無芳草」……總之，東坡烏臺一去，好夢驚回，遂逍遙無任，吟嘯徐行，從正氣磅礴、豪放奔騰，大水破堤一瀉下千里，轉了空靈清雋、素樸平實，深柳白梨花香遠益清。

　　隨後的那些顛沛流離是不忍看的，他就被那些顛沛流離摧殘得蒼老孱弱，都要捏不起筆了。他出獄以後，被降職為黃州團練副使（相當於現代民間的自衛隊副隊長）。這個職位相當低微，而此時經此一獄他已變得心灰意懶，於公餘便蹇頭巾短打扮率全家老小開墾城東的一塊坡地，種田幫補生計，用以自救。「東坡居士」的別號便是他在這時起的。就算這樣，還一度沒有俸銀，只有配給的一丁點實物（想來不過些

許不夠嚼裹的粗米糙麵），聊勝於無。在黃州，他在給朋友(唉，這「朋友」，值得我們閒了時專門說說他)章先生的信中寫道：「現寓僧舍，布衣疏飲，隨僧一餐，差為簡便。以此畏其到也。窮達得喪，粗了其理，但廩祿相絕，恐年載間，遂有饑寒之憂。然俗所謂水到渠成，至時亦必自有處置，安能預為之愁煎乎?初到，一見太守。自余杜門不出，閒居未免看書，惟佛經以遣日，不復近筆硯矣。」我們可以看到在表層意義上東坡是被貶黜黃州、惠州、儋州和遇赦北返、客死在彼的常州等地，但他的貶黜生活與其他肉吃膩了吃吃青菜的富貴閒人又不一樣——他絲毫沒有失意人的棖觸騷怨，而「寓僧舍」、「隨僧餐」、「惟佛經以遣日」......在起居生活上已漸趨佛道——要曉得東坡年輕時是最反對佛道的，但最後，總算變得聰明了一點點。

......唉，也罷，就那麼過吧，如果，果真已然山頭斜照，如果，果真那麼過就可以保全，保全一個奮賺不動、漸漸老邁的肉體，不倒臥；保全一顆依舊高貴、深闊雄邁的詩心，不繳槍。

好在，詩心與佛心原本也並不多遠。

男孩項羽

——讀書筆記之七：史記小記

比起心眼子一籮筐的漢子劉邦，我更喜歡大男孩項羽，這個雖然身處眾人之上、卻註定最終歸於寂寞的大男孩。幾乎愛上他。

項羽應該屬於溫文爾雅那一派——也許正史野史裡的他未必有那樣的樣貌和性格。他骨子裡是。他出身於「世世為楚將」的貴族世家，雖算個叛逆者，但卻完全沒有廟堂氣、迂腐氣乃至霸王氣（得虧人們叫了人家幾千年的「霸王」），雖自幼不喜讀書，舞槍弄棒，但畢竟多年的家庭薰陶擺在那裡，舉止投足之間的風采仍是強過了草莽出身的猥瑣狡

詐、滿嘴沒一句實話的流氓劉邦百倍。何況，當時項梁仍在，萬事都用不著他這個晚輩操心勞神，雖然上過幾次戰場，也都順順利利沒多少波折，以致於垓下之戰前的他，也不過是一個未經風雨、未遇磨難、武藝高強且又驕傲不群的貴公子罷了。他像是一把寶刀，安安穩穩地睡在鞘內，只要永遠不被拔出，就永遠不會傷人、不會有殺氣。他的對手其實都是些不可靠的傢伙：屠狗的，賣布的，管牢房的，幫別人哭喪的，耍嘴皮的，還有那個鑽褲襠的……更要命的，還有那個為了自己逃得活命而把自家兒女幾次推下車來的劉邦。

項羽天真浪漫，孩子一樣。做到「孩子一樣」可不是一件容易的事，需要有一顆極其簡澈而深刻的心。只有那些真正高貴的人才可以當得起「孩、子、一、樣」這四個一字一珠的字。如您所知，有一回項羽攻打外黃，數十日而不克，兩個月後外黃支持不下去了，只好投降。項羽餘怒未消，氣憤地把十五歲以上的男人全部押往城東，準備活埋。這時候，有一位十三歲的小男孩走出來爭辯道：「彭越來到這裡，要脅手無寸鐵的百姓，大家投降正是為了保全活命等待大王。現在大王到來卻要活埋他們，以後誰還會歸順大王呢？」雖然外黃是被迫投降，小男孩顯然是在狡辯，但是大男孩項羽還是對小男孩動了惻隱，還給足了面子，放過了所有的人，而完全沒有以大欺小，得理不饒人。還有，他不懂得人心隔肚皮，還有點傻，還有點笨——劉邦一句「小人挑撥離間」的話就能夠把他的絕密情報（曹無傷是本將軍的眼線）搞到手；陳平一句「不是亞父的使者，是項王的」，就讓項羽跟范增疏遠了，破裂了。因此，烏江那被「朋友」算計的一摺子幾乎不可避免地來了。此前，楚漢相爭，可以說項羽百戰百勝，劉邦百戰百敗。他孩子一樣，可他憐愛眾生，乃至敵人。這是不是一個了不起的德行？

在愛情方面項羽也秉真性，存純稚，絕不見異思遷，和他的愛人，大刀闊斧、扒心扒肝地愛著，死也引頸相迎。兩千年過去，那個叫做「妙戈」的幸運女孩，同她的愛人一樣的性情、愛好，一樣的撒漫而克制，一樣的浪漫而自制，一樣的感性而理性，一樣的乾淨而寧靜，深

摯、默契如同一人，且柔且剛、柔則倩舞翩躚（為了愛人）、剛則橫刀自刎（同樣為了愛人）──的女子，她的項羽依然以他夏天般乾淨的笑容（而絕非京戲裡約定俗成的大花臉的猙獰。當然大花臉也有大花臉的好看處。那是藝術上的事，與這裡所說無干）光照他們的愛情，容顏不老。儘管「粉絲」如雲，但他只跟這一個女孩好，並且在生死攸關的時刻，為了女孩的命運而擡不起頭，走不動路，淚流滿面，稀里糊塗。因為他很天真爛漫，所以不會像劉邦那樣叫嚷：「只要擁有天下，貴為皇上，還會缺少女人嗎？」單純可人的項羽就是這麼傻乎乎地相信，女人很多但不是我的「那一個」，任憑弱水三千，我只取一瓢飲。可愛得令人歎息。

項羽仁厚寬宥，詩人氣質，兼著理想主義者一大枚。日常軍旅生活中「恭敬慈愛，言語嘔嘔，人有疾病，涕泣分食飲（《史記•淮陰侯列傳》）」，分明是個血肉豐滿、心腸細膩的性情中人。他從來不會嫁禍於人，推卸責任：他沒有責備過丟失城池的曹咎，沒有批評過打了敗仗的鍾離眛，甚至沒有咒罵關鍵時刻倒戈叛變的英布！坦蕩磊落，一生從不玩弄心計，只知道醒來就提劍在手問「天下誰是英雄」，還時不時哄弟兄們開心。滎陽之戰項羽對劉邦就說過這麼一番慷慨激昂的話：「天下紛紛亂亂好幾年，只是因為我們兩人的緣故。我希望跟漢王單獨挑戰，決一雌雄。再不要讓百姓老老小小白白地受苦。」項羽說這話是有點白癡，但真是癡得可愛。烏江岸邊，二十八騎的東城決戰，盡顯英雄英氣：他斬將，刈旗，潰圍……哦，當然，還有別姬，戰場上那片刻的抵死纏綿。而待項羽率二十八騎四面出擊，幾進幾出，斬殺敵軍數百，突出重圍，奔至烏江，烏江亭長早備好舟楫，眼巴巴專等項羽，助他過江，重建大業。而項羽，則從容下馬，套好韁繩，對亭長笑曰：「我還哪有臉過江呢？想當初，江東百姓交與我八千子弟，如今只剩這麼幾個，即使江東父老原諒我支持我，難道我就不慚愧嗎？」接著，將韁繩交到亭長手上：「這是我多年的老夥伴，送給你吧。」而等到從敵人隊伍中發現叛徒騎兵司馬呂馬童，項羽居然可以問得：「呂將軍一向可

好？」然後，一句「漢王懸賞千金，要我的首級，呵呵，這顆頭就送給故人呂馬童你吧！」身中幾十處傷口的項羽大笑之後，便橫劍向頸，自刎而死——唔，這次第，真是感天動地，浪漫至極，耍酷耍得夠可以，玩帥玩得也忒風雅。

就這樣，數一數，一段短短的《史記•項羽本紀》裡，項羽的天真浪漫比比皆是：項羽不會手擎長劍，斬一條小白蛇，就造謠說這條小白蛇怎麼怎麼啦，傳得那樣雲山霧水；項羽不會面對強敵而彎腰請罪；項羽在鴻門宴上因應允項伯之言而「善遇」劉邦，此後范增雖「數目項王」，而項王仍「默然不應」；項羽不會讓自己的手下頂替自己而死！他一點也不含蓄、一點也不躲閃、一點也不講策略......他怒形於色。他給對方看他的傷口，他的軍功章，他的一切。他由此遭到邪惡的全面徹底的攻擊。邪惡無法容忍他的存在，因為他把自己擺在與邪惡你死我活的對立面上，邪惡即使僅僅為了自己的活，也要讓他死。於是，鄉愿活著，滑頭活著，痞子活著，奸雄活著......項羽死了。項羽使這個世界的生態更加惡化，更不適合人的生存。

如此說來，項羽確實天真爛漫，也死於天真爛漫——豈止天真爛漫？他還有許多別的缺點，譬如剛愎，譬如暴戾。但我總以為天真爛漫的人往往有真性情。更重要的是，天真爛漫的人即便不是君子，也絕不可能是小人——因為小人總是城府圓通的。

況且，有缺點的戰士畢竟是戰士。霸王項羽的精神之潔白與光芒，香透竹簡，一直飄到今天。

歎的是：當黃鐘被毀棄的時候，瓦釜就開始雷鳴了。項羽與現實中的「蒼蠅」劉邦們勢不兩立，而他們卻能遊刃有餘，甚至與項羽事業開端最初的兄弟搞合作，講互利，並策高足，踞路津，在項羽戰死的地方，他們同項羽大相逕庭：包括那些曾誓同項羽同生死共進退的他們，全然忘記了已經離去的八千子弟。他們退到安全線以內，搶奪項羽的屍體，瓜分他的四肢，相互踐踏，竟死掉幾十人，倖存的，便同敵人一

起，封侯納爵，粗聲吆喝著，大塊分麾下炙，大秤分金斷銀，並開始討論幸福。

唉，悲哀的是：這不是項羽一個人的悲哀啊。

為君子謀

——讀書筆記之八：萬事萬物

父親對《周易》的精深研究多少也濡染了我——有好老師點撥，我也就多少瞭解了其中的一些義理。

呵呵，誰能想到，一個以謙遜、向內為根本的民族，居然在人類文明的發源端起，就以「龍」這樣一件非同尋常、特別張揚的物品雄壯起航。這是很有意思的悖論，能壯能老。難怪書籍那麼多，三墳五典八索九引……孔子最喜歡的書竟然是這一部。如你所知，有句老話形容孔子愛看書的情形：「韋編三絕」，就是說孔子喜歡看一本書，看到串簡冊的皮繩子斷了三次的程度。誇張吧？這裡說的孔子手上這本書，就是《周易》。呵呵，它老人家就這麼牛，使以堅持儒家傳統的小國學，和以中國多種民族的儒、佛、伊斯蘭文化組合的大國學，都相形見絀。

唉，這本天地草創後最先橫空出世的、文化圖騰似的大書啊，它闡幽顯微，被司馬遷認定為群經之首，因為它「究天人之際」。意思是《周易》窮盡了所有天人之間的事情，一切問題都可以在《周易》中找到答案。此言大，可也不是不合適——正所謂「人更三聖，世曆三古」，是經過伏羲、文王、孔子三個聖人的手才寫就的啊，歷經了上古、中古、近古才徹底完成。想來聖人們咳吐千鐘倒玉舟，隔山隔水隔時空，相互應答，如同春樹間的黃鸝，簡直浪漫至極。可以說，它是晝長夜短、晝短夜長、與五千年歷史的中華民族同步長成、俊逸起來的。相對而言，《聖經》只有兩千年的歷史，《古蘭經》也只有一千三百

年，最古老的印度《奧義書》的歷史也不過三千年而已……如此比照下去，沒有個完。中國古人的過人智慧真是不得了。他們衣袂如波飄動，在光線中風一樣自由穿梭，並萬里跋涉，像愛人的手一樣，輕掠過來，把暖意和教益送達我們的心田……他們魚龍曼妙，將萬物吸入腹中，吐納聲氣，摶揉成香馥馥的丹丸，投擲給等待飼餵的世界……哦，你不得不歎服，先哲們認識和探索生命的方法是如此地曲徑通幽。

是的，司馬遷說得沒錯，在這面巨大的鏡子面前，一切纖毫畢現。而自古就有「《易》為君子謀，不為小人謀」的說法。有心人測算：在整部經文中，「君子」的概念就出現過21次；在整部傳文中，「君子」一詞就出現了104次……可不可以說，這部充滿神祕之物、甫一發軔便震驚四野的著作致力形而上之性空，為那些有德行的人、立志為人民做點貢獻的人，那些有著最高貴財產——譬如：正直、仁慈和誠信等美好德行的大人，提供了一些光大中華門楣的秘訣？這些美好的德行，構成了人的地位和身份本身，使得人在最初起步時、在根本上就有了區別。

人是有高貴和卑賤這回事的，這無關血統。

應該是這樣的吧？細細地、一層一層地扒，你會發現，我們平時很多熟悉的句子，振聾發聵、革命樣子的話，居然出自《周易》。譬如：「天行健，君子以自強不息」就在《乾象》一節裡——猛一聽，還以為是孟子說的呢。因為它的意思是：天道運行剛勁雄健，君子應自覺奮發向上，永不鬆懈。多麼恢弘，多麼大言湯湯！《周易》中認為：乾為馬，坤為牛。用馬來像徵天，故，天行健，就不難理解，以駿馬形容自強不息，十分妥帖。這麼一句看似簡單的、10個普通漢字組成的話，它一燈傳至無盡燈，光照四方。

還有，常用的一些句子，譬如：「天地本長而忙者自促」，簡直天理昭彰，再過一萬年也毫釐不爽；還有「與人方便，隨遇而安」……都有點可笑了——這麼大路的話語，它怎麼就出現在有「天書」之稱的《周易》裡呢？

另外，我更注意從那些幽僻些的路徑上，尋一點「糧食」來餬口。譬如：

　　《周易‧繫辭》句：「立人之道，曰仁曰義。」意思是：如果沒有「仁」和「義」，就無法做人，得人心者得天下，失人心者失天下。「仁義」之理告誡我們要有「良知、良能」，要施仁於民，才有人的資格；人講「義」，才能德明。要有愛人之心，寬人之德，容人之誌。仁是心之德，愛之理；義是心之制，事之適，只有實行仁愛，崇尚道德，存了彼此親愛之心，才能創造和諧、推動社會進步。

　　讀著這樣閃電一樣把黑夜照得通亮的字句，你會覺得，我們同幾千年前的古人仍然共心跳，新鮮的心跳。這個感覺十分奇妙，簡直有點幸福了。

　　通讀下來，更覺得《周易》處處蘊含了誠信之道。譬如：《中孚》卦就直接講誠信的。看它的卦爻辭：「初九，虞吉，有它不燕。九二，鳴鶴在陰，其子和之；我友好爵，吾與爾靡之。六四，月幾望，馬匹亡，無咎。九五，有孚攣如，無咎。」由此可以看出，「虞」就是「安」。「有它」就是「有應」，也就是初九和六四正應。但爻辭認為，處於中孚初爻的位置上，守誠信則吉；別有他求則不得安寧。我理解它的意思是：要想被人讚譽和信任，自己首先要耐得住寂寞，踏踏實實地在誠信上下一番功夫，因為誠信不是靠取巧所能得到的。要想取得別人的信任，不能靠算計，不能靠投機，不能靠討好，不能靠嫉妒和由此引發的、自己也不可遏制的栽贓陷害，不能靠吹牛，也不能靠強迫的手段和喪心病狂……只能老老實實，靠自己的紮實苦幹，靠自己的優質德行，靠發自內心的「誠」「信」，最終怎麼會不被大家讚譽和信任？而如果一個人不講誠信，既得一時之利，也會最終失民心，失掉市場，斷送自己的前途和命運。進一步理解：所有的眾生在天地的眼中，都是平等的，都是他老人家的、咬哪個哪個心疼的指尖般的孩子，如果覺得天理「不公」，為什麼現在你啃著黑麵包，別人卻吃著海鮮大餐？孩

子，在大叫「不公」、走出憤怒之前，為什麼不想想你是否和他（她）流過同樣數量和品質的汗水？如果想不通，也行，別想了，埋頭行路就可以，而這個世界上，還沒有人有那般神通，可以擋住別人步履堅實的趕路，只有自己擋住自己──擋住自己的趕路，以及照向自己的陽光。為什麼你不嘗試透過自己的努力，來稍微扭轉一下這樣的「不公」？努力戰勝人心自我的私識，呼啦啦舒展胸襟，也是我們修業進德、不斷前行、靠近「人」這個大概念和「君子」這個小概念的一個通道啊。

這通道伸向官場、商場，當然也伸向國場──國家的場，以及文場──文人的場（對不起，自己造的詞。好歹說明本意）。國家與國家之間、你和我之間，不都是這樣？也可以說，國家和國家之間，不正如你和我之間？這道理竟又是「治大國如烹小鮮」一般。人類個體可不就是「小鮮」？萬物造化生滅，世運樞軸輪轉，乘虛而來，還虛而去，看著形狀不同，器具各異，然而，內容彷彿，道理也基本一致。

其實呢，社會中的每一個職位，每一個人（包括陽光照不到的小人），都理應受到鼓舞，得到不同光彩的榮耀。而一個和諧的社會說到底不過是一個相互制衡的社會，因為不能完全消除──小人的惡的生長速度和毒瘤彷彿，成幾何數字增長，因此，只有君子和小人共同和諧共生，不觸發他們叫做「惡」的那一個機關，才能達成世道圓融。就像則天武后洞悉忠奸、又必須把他們統統留在身邊，就像你不可能拔光每一片稻田裡的每一株鼠尾草。而官僚體制下的社會生活是封閉乃至窒息性的，這幾乎無一例外。因此，人與人之間相互的愛又是相當有限的，在一些層面上也是極其虛偽和狡詐的，帶有苔蘚濕膩膩的隱蔽性和特異的骯髒，爭奪，哄搶，混亂，醜陋，衰微，浮躁……這些蕪雜的東西集合在一塊兒，導致了現代中國社會充滿了仇恨──是君子對社會大眾的引領，是社會大眾對君子的憤恨。換個說法，是社會大眾裡的小人對君子們的憤恨。如果機關鬆動，局面失控，人心皆怨，人心渙散，將直接導引社會的自焚。

這樣的憤恨，是功利主義在現代社會的直接體現，是人性惡的一類雜汙的表達。我們一旦像老中醫把住病患脈息，會一把抓牢它的把柄，將「一個也不饒恕」。永不饒恕。

正如後來者的孟子所說：「君子之澤，五世而斬。」這裡的「斬」說的就是結束的意思。君子們的盛德也是有定量的。

不仁不義不誠信，君子的恩惠福祿消耗殆盡，當然就是「斬」。

好吧，既然「場」「場」如此，不妨就形而下一回，標本兼治：在《周易》裡尋一味卦辭的好方子，引申了意義，取得些毒的辣的虎狼藥，給那些「場」：君子離去，小人當道，如果再輕蔑沉默、置之不理，再參茸溫補、八珍暖心也竟不能不觸動小人「惡」的機關（或者是那機關它自動開啟），當然是得——不得不，也只有——一鋤頭下去，汙血迸濺，結果了爾等狗命。

然後，吹吹鋤柄當吹吹槍口，然後，日頭高高，埋頭鋤禾。

那段水域

——讀書筆記之九：美人美裳

出遊時，看到柏樹籽殼和各色花瓣被風吹落滿地，無人理會，不免憐惜：記起古人用柏子和花瓣作香料，在香爐裡焚了，一應衣物就都染上了怯怯的馨香。想來夏秋撿一些它們放在衣櫃裡，那麼，冬天的衣櫃裡便會多上一縷淡淡的、特特的清氣了罷？

這真叫人嚮往。

若還不夠盡興，不妨試著去穿上它們——學習那位天下最勇敢爛漫的詩人。哦，他剛離去，又似乎才來，在一個無比逼仄的時光縫隙裡安靜地住下，做成我們最浪漫的節日——「端午」，端端正正的正午。每

一年裡，他只來一天。

　　——唉，「端午」，她當然是端端正正的，一個美人，並且是正午，最率直熾熱的正午。十八個筆劃，有橫眉冷對的豎橫，溫柔凝眸的點，卻鮮有賊眉鼠眼的撇捺。他因此被眾人愛了兩千餘年，還將被愛下去。

　　至今，還有人循例，跳著名叫《我哥回》的舞蹈，每年都在這一天，把一種食品包成口唇的模樣，深深送入他在著的那條河流，把他的周身吻遍。

　　他在我們之外、之上，在河流裡——他就是河流，免不得泥的身份，卻秉著水的心腸。他目光清澈，美髯疏朗，長了一雙寫詩的手，在河畔用蘆葦或錯刀，劃下充滿革命的浪漫主義的囈語和狂想，把那段水域寫得滿滿，沒有了天地。他還有一種沉實成熟的力量酷似月光，在平靜的臉上河流一樣飛濺著書寫下來，自信、從容、不可抗拒。他為保持他的「皓皓之白」，而不「蒙世之溫蠖」，身披白芷的衣裳、秋蘭的佩，懷揣含香的志向、哀愁的歡息，抱了一塊石頭跳入河流中以期洗濯……他是唯一一個敢背對塵土飛揚、粗糙尖銳的世界的人。一直是——他一直「背對」，讓河流為之心折成九曲十八彎；世界也一直塵土飛揚、粗糙尖銳，使土地失去尊嚴，掩淚入心。

　　他在那段水域站立，已經有一些日子，鬢邊帶了僕僕風塵，卻依舊簡樸優雅，歷萬古而不滅。他像一個神，汨羅或湘江的，有著超人的熱愛的能力，並因這熱愛而生出豪勇，彷彿力能拔山。

　　他蒼茫而去，無序而來，為江山解夢，替眾生問天，長歌當哭，精神潔白：「長太息以掩涕兮，哀民生之多艱；余雖好脩姱以鞿羈兮，謇朝誶而夕替；既替餘以蕙纕兮，又申之以攬茝；亦餘心之所善兮，雖九死其尤未悔……」，「時曖曖其將罷兮，結幽蘭而延佇，世溷濁而不分兮，好蔽美而嫉妒……」他又是個多麼誠實、天真的人——他沒有把自己裝扮成聖人或完人，也有猶豫徬徨軟弱恐懼的時候——其實，他因此

才更真實，也更可愛。面對黃鐘毀棄，瓦釜雷鳴，他也曾想到退卻，小聲咕噥：我是不是走錯路了呢？好在迷失方向還不算太遠，是不是應該踏上原來的水驛山程？我走馬在這長滿蘭蕙的水濱，我奔向那高高的山脊，到那兒去留停……我既然進言不聽反而獲罪，倒不如退居草野，把我的馬車趕回來吧，把馬的韁繩解了，讓她（這樣一個多情的人，他自然把「它」叫做「他」乃至「她」）蘭皋逍遙吧，我也要回去整理我的舊衣裳了……縱然不去屈理而從情，他卻足以蹈虛守靜，安心自保。他峨冠博帶地做著最高統治的大臣。他有這個資本。

然而，到底抵禦不了「製芰荷以為衣兮，集芙蓉以為裳」的、內心需要的誘惑，他終於衝破自己的優柔躊躇，而大聲呼喊：「不吾知其亦已兮，苟余情其信芳；高余冠之岌岌兮，長余佩之陸離；芳與澤其雜糅兮，唯昭質其猶未虧；忽反顧以遊目兮，將往觀乎四荒；佩繽紛其繁飾兮，芳菲菲其彌章；民生各有所樂兮，余獨好修以為常；雖體解吾猶未變兮，豈余心之可懲……」不妥協不放棄，我還是保持我的高潔，縱然被車裂，我的內心依然無所畏懼。這是一種不欺的思想。「忽反顧以遊目兮，將往觀乎四荒……」，自己將以靈魂出竅的形式遨遊四方，尋求「美人」……一路鎖枷，他一路吟唱，無論怎樣，他的內心始終噴薄著著高遠的情志之香。

他真愛美呵——在《懷沙》裡他說：「余幼好此奇服兮，年既老而不衰，帶長鋏之陸離兮，冠切雲之崔嵬。」《離騷》裡他更清明如鏡。照出自己：「高餘冠之岌岌兮，長余佩之陸離」，「佩繽紛其繁飾兮，芳菲菲其彌章」，而《思美人》時，他進一步闡釋了華美的儀表與質正的心靈、內美與外美統一的好：「情與質信可保兮，羌居蔽而聞章」；於《橘頌》中，他還把兩種美的結合高度概括為四個字：「精色內白」。

……是的，不錯，他終生精色內白，美如日月，光明天下。

他非但愛著了最美麗的、夢樣的、香草的衣裳，行走歌唱，還「朝

飲木蘭之墜露兮，夕餐秋菊之落英」，裡裡外外離不開了她們，像離不開最優秀的愛人。同時，他對各種藝術的美，也像對待一個心愛，懂香、尋香的蜂子一般，以精純修潔的心欣然接受，而不是以狹隘的功利得失加以否定。因此，他成了最美的美，成了美的最後堅持——仔細品味，《九歌》、《招魂》都像極列維坦的調子，鋪陳，綺麗，雜糅，安詳，偏襯了梅疏薄雪的品格，滿溢著音樂歌舞的熾烈感染和由此引發的滔天感動，有歡喜，也有愛慕，哦，自然少不了，還有憂傷——一個真正的詩人，他哪裡捨得不憂傷？尤其是愛情的憂傷？我們可以猜測，他一定有一段纏綿悱惻、相互愛慕、神祇一樣的美好愛情，卻徘徊在某個秋天，生死契闊，會合無緣。否則，哪裡會有《湘君》、《湘夫人》重疊交叉、又一以貫之的、熱烈的對視和質樸深長的怨望？

　　喏，就是這樣，因了真香無形，如同真愛的渺渺，像狄金森說的，為了靈魂而選擇自己的伴侶，他就要調動一切能量和感官去找尋，去感受，腳步匆促，目光堅定，並不惜為此跋涉千里，傾盡心靈。然後，他做了最神聖的選擇，再不更改，心門緊閉。

　　他心香盈房。所以，與他同時代的美男子宋玉有千千萬，濫了江湖，他卻只有一名，獨立不遷。

　　「羌聲色兮娛人，觀者憺兮忘歸」，他是那麼喜歡香草，因此竟廢絕吟詠，花費時日，把她們親自栽種了好大的一個園子（「余既滋蘭之九畹兮，又樹蕙之百畝」），日日相跟上，廝磨著。也就不必探究，為什麼他的詩篇，那麼喜歡大量鋪陳華美旖旎、色澤豔麗的辭藻了——要有怎樣的克制力才能忍住不鋪陳？他都被她們箝制啦——他被美好箝制，不能自拔。

　　也因此，一個一輩子喜歡香草和美麗衣裳的人，他孩子氣、羅曼蒂克得統統一塌糊塗，就不足為奇了：他讚美自我的人格，率性任情，中正無邪（他說得沒錯）；他詠唱水神的戀愛，熱情四溢，成績指柔（他本就溫柔）；他頌揚烈士的犧牲，激越慷慨，沉雄大氣（因了不染，他

那樣驕傲）......唉，他不知疲倦，還頑皮，時時將漂亮無比的句子擲將下來，砸了我們的腦袋——嗳，還有他香香的唾沫星子。那真叫個「一親芳澤」。

砸就砸罷——榮幸啊，簡帛流轉，他來得多麼不易。

我一直眉眼不睜地愛著《詩經》，把它當成我的枕邊書，於是讀它便時時有了比較——以前嫌它過於華麗，現在不了——不是它太華麗，是自己當時太傻。一寸一寸摩挲他，才驚覺，較之《詩經》總體上內斂克制、溫和蘊藉的情感表達，他的詩篇像一個嫻靜女子的夢裡翻身，不意間，那一面逼人的窈窕美豔，「嘩」地一下，絢爛了中華詩歌。不難看出，他在相當程度上放手了情感的揮灑，並打破了以四言為主的體制，句式長短參差，內裡筋骨強壯，血脈暢通，外揚氣勢，神采飛揚，從而生氣勃勃，奔騰無任。他多情，他向美，他正義，他真理，才調既然無論，更兼盛德浩蕩，你我被這等文字和思想所綁架，哪有不乖乖就範之理？然而，他又俯身，借用了《詩經》的「比」和「興」，賦予草木、魚蟲、鳥獸、雲霓等種種自然中的優質事物以人的意志和生命，增厚了詩歌的美質。好似一本散佚多年的琴瑟曲譜，經他挑選拾了，午夜裡叮咚奏出，動聽深沉，青山碧水，花朵盛開......他當然就是其間一株最美不過的香草，滿口唱著：貪圖利祿的小人本來就善於投機取巧，方圓和規矩他們可以全部拋棄。他們追隨著邪惡，背棄了法度，競相以苟合求容作為處世準則......我憂鬱煩悶，悵然失意，我困頓潦倒在這人妖顛倒的時期！我寧願暴死而屍漂江河，也絕不和他們同流合汙，沆瀣一氣。哦，那鳳鳥怎麼能和家雀合群？自古以來本就這樣涇渭分明。哪有圓孔可以安上方柄？哪有異路人能攜手同行？......他有著天下最硬的骨頭，一副身段卻時常柔軟得幾可折斷，比女子更女子——他愛得熾烈，柔情馥郁：郎才女貌一定會結成眷屬，哪有真正的美人會沒人喜歡？......他自在飛花，衣袂翩然，任憑風從各個方向吹向他，都根鬚堅定，不肯移動半步。他以《聖經》的樣子，生長在那片名字叫《楚辭》的水域，離我們最近的地方，醒著，清白著，幽幽如淫，半醉半

開......與我們共著呼吸和愛憎，並回答著我們的不明而問，應約著我們的不情之請。

至此，想起近來看的一個電影：一美國戰士即將被納粹處決，可他臉上的笑容如冬日陽光。他高高地豎起兩個手指，打出「Ｖ」的姿勢，向人群示意：希望仍在。劊子手將他的手指砍下來，可他伸直手臂，目光投向天空，一個大大的「Ｖ」字直插雲霄，像極了飛翔的翅膀。讓我們看到，生命的結尾如同重生，也可以如此動人：不出聲響，卻令人一時失語，有了淚意。

甭管過去了多少年，他一直都是一類人的LOGO：真正的美人，長得好看、心地也好看的孩子，一輩子都是首悲傷的詩歌的孩子。這一類人雖然鐵定數量不多，但個個足夠品質，且一直沒絕過。

我們因此並不絕望。我們望向他，如同望向「Ｖ」字，那雙翅膀。

他沒想與我們作別。

他那個人呀，整個兒是飛翔著的。如一段香。

家在別處

——讀書筆記之十：流浪流觴

李時珍竟是如此不解風情的一個人：他把所有的植物都看成藥，就像把所有曼妙女人都看成粗魯漢子一樣滑稽，和可憐。

是的，可憐。不可憐麼？如果，一個男人，他眼裡的女人都是男人，男人也是男人，他一輩子看到的都是男人......哦，有什麼意思？

他看到的植物都是藥材藥引子，山是一架架湯鍋銀銚子，雲蒸霞蔚的都是一山一山的藥香。

他多麼無趣，又多麼理想主義——一個詩人式的、漫長的、艱難無

比的流浪，山山踏遍，每一山都是一程水路，流觴千里萬里，卻全為著湊成一篇兒一篇毫不連貫、自說自話的簡短說明文。

不曉得那獨守閨房的夫人，她又該多麼委屈，嫁了一名「藥」——他認為這是上天賜予他的唯一而尊貴的爵位。為了履行這爵位下的必須履行的清潔職守，或者說為了實現這爵位下必須實現的高貴摯愛，他一走（連同他的心），就是27年——從38歲走到61歲，從中年走到老年。而27年，簡直就是女人真正活著的一生。女人有幾個27年算是真正活著呢？得虧他還老在那部他的命一樣的書裡教導人養心柔肝什麼的，嫁了他，心要如何養、肝又如何柔呢？

擔憂廢絕的心血、思念摧傷的肝膽，是他一雙粗糙的手醫不了的。她的裙襬滿盛了自家碎裂的心瓣，穿孔的肝膽。

……哦，他是一名純粹的獨立知識份子（還有誰能比他更獨立的麼？），又遠不是我們經驗裡的獨立知識份子——哪怕是知識份子：他的手，粗糙得勝過大田裡勞作的農人，野山上攀爬的樵夫。他們是有家的，早出而晚歸，總歸還是歸的。他呢？一片平原一片高原地路過，一座山一座嶽地停留，壓根兒沒想過歸不歸的問題。陪他在那裡默默站一會兒，都能被他染成新綠——他當然是墨綠，最有力量、最深沉的那種綠，綠得太久了的那種綠。

他把找藥錯當成了找太陽。

他一路倔強奔波，奔波成了一個自我修葺、自我成全、獨立存在的靈魂。他的形當然是他500年來無處不在的煌煌巨著——在大洋彼岸它依舊熠熠閃光。

他一定曾這樣優雅蝕骨地想：世上還有比找藥更神聖的事嗎？沒有找藥這件事，活著還有什麼意思？

他真的也是藥們的知音呢：曼陀羅、九仙子、硃砂根、石楠藤、千年艾、隔山消……那些好聽好看的名字和樣子，把他蠱惑得像一名最癡

迷的愛人。他揮一揮衣袖，那些廣袤恣肆的藥們就忽拉拉跟了他走；他掬心真心邀請，那些藥香即刻翩翩起舞......那些絕色的紅顏，她們才不管他十指蒼蒼兩鬢蒼蒼，又髒又老。

他潑了性命親藥，一刻不停找藥，不顧死活試藥......奔波來去，激越燃燒，卻來不及受用山水之樂。除湖廣外，他先後踏遍贛、蘇、皖、豫......，足跡遍及大江南北，行程達兩萬餘里——一個長征的里程。那些種田的、捕魚的、狩獵的、採礦的、打柴的（也得有打劫的吧？）......無一不是他學習的老師，他們對他也全沒有來自泥土的敵意。他們曉得，他和他們同體。

這是他們之間能給予彼此的、最大的尊重。

只有醫家落到實處，病患才能落到實處。反之亦然。

這個簡單的信念，讓他即便冒著躺到墳墓裡的危險，也去用舌去細細品味一味味陌生的藥——那些紅顏們，有的脾氣火爆，也會因為他們之間暫時的、彼此的不懂得，而在他背後給他一刀。

他因此成為了古來最勇敢的一個男人。我認定他比一切英雄更英雄的理由是：英雄基本只死一次，他卻註定死過許多回。

他一定因為食了某種毒物而嘔吐絞痧梗阻頭痛胸悶氣短......而從粗布的背囊裡摸索出幾粒也許管用也許不管用的解藥——他真的不曉得到底這一次管不管用，而且粒數眼見得越來越少——硬嚼了吞下去，靜等其變，並用禿筆草草——是「草草」，因為當時他被毒侵犯著折磨著難受著——平實忠誠記錄下自己感覺的變化（如果堅持的時間夠長，他還畫下那藥草的模樣）。這變化或許好，或許就糟到眼前黑掉......也許就黑了一陣，醒過來，也許，就眼神更加清亮，或腿上舊疾去了微恙。他因此欣喜若狂。

有過多少眼底的暗如黑夜，就應該有過多少的欣喜若狂——為自己的重生，也為眾生的重生。

必定，許多年來，許多人為此而重生。

儘管沒有勝算，他依然不能放棄。

他當然沒有被他熱愛的森林似的草木結果了性命──在那個盛大到浪費的國度裡，他是王。那些卷鬚、細絲、那些鐘狀葉、傘形花安慰他，那些玫紅、絳紫、粉綠、珠藍……撫摩他。不必多，她們三杯兩盞淡酒，便教他為之深深沉溺。

對於這場初戀般深長純稚的熱愛，他很久無法放棄，就像我們有時無法放棄教人難以自持的閱讀。

其間區別只有：他「很久」，我們「有時」。

即便為此死去，想來他也並無怨懟：既然有一次一次捨生的充足準備；既然我死了，還有人要活著。記錄了，就不會有人再因此而死去。總有人第一個因此而死去。自我與他者之間總有個公平合理的換算。

死去，這也是獲得。

這是這名不解風情的男人的邏輯和哲學。

不合邏輯的邏輯，不夠聰明的哲學。

想比較那些汲汲營營、只曉得填滿自己的嘴巴，他把四起的危機填滿自己的嘴巴，只為了消化掉所有危機。

他把自己誤以為了一臺不插電的疾病處理機。他太異想天開了。他沒有娛樂，沒有愛情，沒有親情，沒有友情……他在藥裡，如珠在淵，山沓水匝、樹雜雲合全不入眼。他把自己活成一臺機器。

這臺「機器」，他以機器的意志力、輸送量、節制和清醒，記載了1892種藥物。如若加上他畫的1100幅藥圖，再加上他記的11000個藥方，除以27年，再除以12個月，是多少？他從呱呱墜地開始起，每天平均要有多少次這樣的記載？且算去好了。其中，又有374種是他新增加的藥物，也就是說，至少，這374種是他親自咬嚼過的──後人中的

許多說他懂藥，不會每味藥都親自去嘗......也許吧。但是，於新藥，不去嘗，靠摸能摸出個什麼來？習藥性不是寫錦繡文章，不能杜撰。

不光不能杜撰，還要細緻：光一個感冒，他找到的能用作配藥的就有生石膏、黃耆、蒼朮、貫眾、北柴胡、貝母、藿香、香薷、大青葉、麻黃、燈心草、龍葵、白英、魚腥草......唉，聽聽吧，這些筆簡墨鮮、樸素優美的漢字，填了經由她們悉心譜出的、山崗山坳仄仄平平高高低低的曲子......如果都算上，那該是植物們一場多麼悠揚婉約的盛大敘事。

諸如此類的記載，計190萬字，分16部，合52卷，藥理醫案，墳典傳奇，醫文相容，各各得願其所。除此，他還撰下《所館詩》、《醫案》、《脈訣》、《五藏圖論》、《三焦客難》、《命門考》......等其他10部醫著。一應所有，不蔓不枝，氣象深埋，都經由這臺「機器」一筆一劃敲打輸入，列印出來，燒錄，流布至今，還將流布下去。

這臺「機器」，終究還是不尋常的「機器」，偉大的「機器」：在那部用生命寫就的著作裡，從男到女，從小到老，他關懷備至，還虛筆寫實，實筆寫虛，各臻神妙，特異多趣，裡裡外外遍溢著木屑的鮮味，和屋漏水的清甜———單一個葫蘆也給叫出了「懸瓠、蒲盧、茶酒瓠、藥壺盧、約腹壺、長瓠、苦壺盧」七樣兒不一樣的動人呢，說花朵，有史家筆法錄生津食譜：「臘梅花味甘、微苦、採花炸熟，水浸淘淨，油鹽調食」；更兼毫不修飾寫美容佳品：「木犀花氣味辛溫無毒，同麻油蒸熟，潤髮及作面脂」，桂花「能養精神，和顏色久服輕身不老，面生光華」；耐心挼，居然還牽出用五言絕句寫成的藥理說明：「七葉一枝花，深山是我家，癰疽如遇我，一似手拈拿。」細細思去，簡直作者自況。就這樣，每一味藥，都自成一個中文系，他是它們的系主任。

想來，他的每一個生日也都是在大山裡寂寞地度過吧？沒有生日燭，沒有生日歌。滿坑滿谷白髮樣飄搖的草本木本的花木，可還記得住鳥獸也似、黝黑羸弱的他的生辰？

沒錯，這臺「機器」，他推癱揉疳，力拔千鈞，而那樣孤寒的苦旅一旦捱過，未及回頭，他便累醉在漫天漫地的藥香裡，深山獨眠，沈沈睡去，彷彿沒有家。

多想援手過去，給他披件可以擋擋夜露的衣裳。

別了沈戈

——讀書筆記之十一：浮世浮萍

這是一本很適合秋天讀的書。這麼說也是體恤閱讀者：秋天讀比較冷靜，不至於像春天，讀得人夢魂顛倒。呵呵。因為它太容易讓人讀得夢魂顛倒啦。

我不想批評《浮生六記》中為人詬病的那些——譬如封建殘餘，譬如婦女為丈夫納妾不自尊自強等等。沒那個權力，也沒那個必要——它有它的好，這就好。我不是女權主義者，充其量是個中庸的女性主義者，強調男女各自守各自性別本分。如此而已。

只喜愛它的氣息。棉布或豆腐的氣息——既可出客，又可家常，妥妥帖帖鋪陳氤氳開來，薰染得我們的生活也變得簡約而豐饒，悟性高些的，還可能如新生般重獲生命和愛情。

讀著它，彷彿胸中有無數飛鳥，破籠而出。

是乾隆年間的舊人舊事了，綺思頑豔，浪遊蒼幽，離我有點遠，如大風吹過，事事了了，可無端地又覺得，那些人事還餘著微溫，他們——尤其是那個傳說一樣的芸娘，和她美好的德行，漫溼在我身邊，言笑晏晏。《黃帝內經》的四氣調神大論中在冬季養生中有這樣的論述：使志若伏若匿。就是說像心裡揣著個秘密一樣地竊喜。讀《浮生六記》，就像心裡揣著個秘密一樣的竊喜——人家的，我的……芸娘，她是多麼美麗的一個秘密呀，天下昭彰的秘密，是每一個男人的蜜罐子，

和每一個女人的醋罈子——他一心頭著蜜，她還不打翻？

她簡直是宇宙間不可知的一個神祕，紅光閃耀。

她有見識：「芸曰古文全在識高氣雄，女子學之恐難入彀；唯詩之一道，妾稍有領悟耳。余曰：唐以詩取士，詩之宗匠必推李杜，卿愛宗何人？芸發議曰：杜詩錘煉精純，李詩瀟灑落拓。余曰：工部為詩家之大成，學者多宗之，卿獨取李，何也？芸曰：格律謹嚴，詞旨老當，誠杜所獨擅；但李詩宛如姑射仙子，有一種落花流水之趣，令人可愛。」至此不由人不想：夫婦而志同，這是多難得的事情。

學問上還是在其次，他們愛人之間濃濃淡淡的情分，才是最吸引目光的。譬如下面這段，不過幾句，平淡若水，竟動人若此：

「芸卸妝尚未臥，高燒銀燭，低垂粉頸，不知觀何書而出神若此。因撫其肩曰：『姊連日辛苦，何猶孜孜不倦耶？』芸忙回首起立曰：『頃正欲臥，開櫥得此書，不覺閱之忘倦。《西廂》之名聞之熟矣，今始得見，真不愧才子之名，但未免形容尖薄耳。』余笑曰：『唯其才子，筆墨方能尖薄。』伴嫗在旁促臥，令其閉門先去。遂與比肩調笑，恍同密友重逢。戲探其懷，亦怦怦作跳。因俯其耳曰：『姊何心春乃爾耶？』芸回眸微笑，便覺一縷情思搖人魂魄。擁之入帳，不知東方之既白。」

女性的羞澀之美，男性的率真之美，佳人才郎唱和之美，結合的歡暢之美，深情的含蓄之美，以及情感的細節之美……都在燦若煙霞、豔而不冶的極美的文字裡面悄然深植了。

另有，二人在姑蘇城我取軒賞月，不免情思裊裊：「宇宙之大，同此一月，不知今日世間，也有如我兩人情興否？」一對停住的蛺蝶，兩個起興的詩人，在那樣抒情和審美的夜晚，叫人起了天上人間之歎。

其實，夫婦和合，怕不是小的斯文趣味零零星星，散落日常間？即便相熟，也還深情不減，如他所述，纏綿間也似「密友重逢」一樣的，

是平實安靜的詩意人生。記得書裡有這樣一個情節：已是多年的老夫老妻時，他們在自家走廊裡相遇，卻也忍不住要悄悄執手一握，低語相問，寒溫和愛意……還有呀，談詩論賦，望月觀燈，同拜天孫，偕遊滄浪。議佛手茉莉之「近小人遠君子」，食臭乳腐之「妾作狗久矣」……諸多妙趣，無不曼妙可人，有時使人忍俊不禁。像這般鴻案相莊的絕配伴侶，平凡相守的日子相看不厭的深濃，實則也是有無限甜蜜的。若得此情，「布衣菜飯，可樂終身。」哦，這是我們都愛的那個靈氣四溢、溫柔賢淑的女子說的：「垂釣於柳陰深處，日落時登土山觀晚霞夕照，隨意聯吟，有月則就月光對酌，意興歡然，發出「他年當與君卜築於此，買繞屋菜園十畝，課僕嫗，植瓜蔬，以供薪水。君畫我繡，以為詩酒之需。布衣菜飯，可樂終身，不必做遠遊計也。」

　　是啊，得此天緣，還管什麼遠遊不遠遊呢？他（她）在身邊就是勝景無邊。

　　而平常的夫婦間，到底還是平淡如水的多。這不是一個好片語，可是世人多有附會，把平庸當平淡，是家庭奴隸而非主人……略去歆羨，我們不得不承認，三白夫婦的愛是愛人間鮮有的、提純了的愛，在一起多久，都相看兩不厭。至此想起俞平伯在1923年的重印序中的那段肺腑言：「……總而言之，中國大多數的家庭的機能，只是穿衣、吃飯、生孩子，以外便是你我相傾軋，明的為爭奪，暗的為嫉妒。不肯做家庭奴隸的未必即是天才，但如有天才是決不甘心做家庭奴隸的。《浮生六記》一書，即是表現無數驚濤駭浪相衝擊中的一個微波的印痕而已。但即算是輕婉的微波之痕，已足使我們的心靈震盪而怡……」

　　我們現在能讀到殘本《浮生六記》，應該感謝蘇州獨悟庵居士楊醒逴在護龍街冷攤上的一瞥──正是他不經意的一瞥，草莽裡識得好大顆的珍珠，立即拂拭了，攜回，由他和妹夫王韜分別作序、跋，在東吳大學校刊《雁來紅》上刊出。這一下，使這塊文學寶貝出土問世，光輝溢彩，溫暖人間。外物入心，實在是非常難的事，天下書又極多，居然小

小的、僅三萬字的《浮生六記》就是其中一件！呵呵，它大不易，我們也大不易呢——得有那水中徒手捉細魚的本領，一個不小心，它便「撲棱」溜走。

清末改良主義政論家王韜曾肯定《浮生六記》「筆墨之間，纏綿哀感，一往情深」——是的，20幾歲得到最初的版本時，芳心一點、抑揚頓挫地讀下來，不覺歎息：一點不錯，《浮生六記》的確也當得起「一往情深」四個字。哪怕書裡沒有別的，只有一個芸娘，它也當得起——它讓人性和愛情有了光照。

個人很是珍重這本書，是霸住床頭、晚間無事就看了又看的那部分裡的一分子。雖然它的年代距今似乎不遠不近，但正是這種較之於現代與古典的中間連接，其中的內容才應該有著同古人今人差不許多的、最大眾化的值得珍惜的記憶。其實呢，三白是不見史傳史詩，志乘不聞其名，卒年模糊無考，且一生平淡無奇，甘做幕僚，也就是師爺，終究也還算不上一個斯文舉子，循規蹈矩，上哪裡去立齊家、治國、平天下的大業？然而他雖處困而亨，不以窮達易心，才有了這本書——三白的好也許就在於他奉獻給了我們這本書。可是，也許正因為他留下來的詩文不多，所以，這本《浮生六記》便一字一珠，彌足珍貴，成為了「孤本」。這本帶著自傳、合傳性質的長篇紀實散文，筆法上翻盡窠臼，自出手眼，完全不似一般文人寫傳記那樣按部就班、從生到死泛泛而述，而是按專題分別記敘。研究三白散文的徐柏容先生甚至以「可與太史公於編年史外創紀傳體寫歷史堪稱媲美」來讚譽。這一讚譽，使這部書在文學史上的地位較之於大牌作家的散文集更有耀眼的意義。當然，現在看，略有點過，但偏愛不妨礙我們對它的喜愛——我們也偏愛它呢。

人的一生，無論哪一個，可歌泣的零散故事實在也是很多的，分別只在於，有心人縝密燒錄，畸零人掠過無痕。在這本書裡，我們看到的正是日常離我們最可接近的一種生存狀態：情感體貼，心靈共勉。《浮生六記》也許正是三白因洞悉了世俗生命的悲歡而發出的一聲浩歎，在

他看來，前程和聲名都淡若浮雲，安心案頭，給後人留下這部不乖謬、不反諷、當然更不媚俗、老老實實專記瑣屑的不朽之作。「巖前倚杖看雲起，松下橫琴待鶴歸」，從三白存世不多的這一篆聯中，或可視作他自己為人的真實寫照。就寫作而言，如今，我們不乏斑斕影像「精神大餐」的大塊朵頤，以及時尚美文「心靈甜點」的細嚼慢嚥，但在情感面前，我們尤其欽佩《浮生六記》交代給我們的真實──那清甜滋味，它教人憑空思念。

這本書也許悖經離道，不合時宜，如三白自況：「世人皆以載道言志為文，我卻獨寫閨房閒情。」是的，問世間情為何物？永恆的話題多少有些形而上，我們本以為無法抓住，可他卻一意孤行為我們記下了可敬可愛的芸娘，成為蒼生顧戀，人間體恤。這個體制社會內難得的極品女子，她有才有德，安心塵俗又不同凡響……反覆摩挲芸娘的好：在風雨中為愛人打開家門，在黯淡的燭下靜靜聽愛人絮絮言說，還有，愛人最徬徨脆弱的時候給予他的慰安和鼓勵，當然，也不能忽略了她「惜枝憐葉，不忍暢剪」的善良、吃粥記、白字緣裡的幽默，以至她於宗法社會違常情為夫精心謀妾之事……不，這件事有些過了，但還是教人不能不仰望和愧著。德行從來沒有過分，只有體制過分，因此，不去譴責這個溫婉不過的弱女子，去鞭笞萬惡的封建主義吧。

《浮生六記》的藝術魅力，歸根結底，是來自其溫柔。那溫柔是月的溫柔。

寫望月的溫柔，書裡有幾處上佳文字：如寫中秋之夜於遊滄浪亭「走月亮」，那是在他們新婚燕爾時：「老僕前導，過石橋，進門折東，曲徑而入，疊石成山，林木蔥翠。亭在土山之巔，循級至亭心，周望極目可數里，炊煙四起，晚霞燦然」，眼前真是一幅疏淡深遠而意境幽雅的水墨畫了。又如寫蘇州南園菜花地飲酒賞花：「是時風和日麗，遍地黃金，青衫紅袖，越阡度陌，蝶蜂亂飛，令人不飲自醉」……筆筆新鮮，見風骨，顯柔媚。

還有另外雅趣：「是年七夕，芸設香燭瓜果，同拜天孫我取軒中。余鐫『願生生世世為夫婦』圖章二方，余執朱文，芸執白文，以為往來書信之用。是夜月色頗佳，俯視河中，波光如練，輕羅小扇，並坐水窗，仰見一飛雲過天，變態萬狀。芸曰：『宇宙之大，同此一月，不知今日世間，亦有如我兩人之情興否？』余曰：『納涼玩月，到處有之。若品論雲霞，或求之幽閨繡闥，慧心默證者固亦不少。若夫婦同觀，所品論著恐不在此雲霞耳。』未幾，燭燼月沈，撤果歸臥。」

　　有這樣天性溫存、懂得把玩好月的人，那月想來也是滿懷感激而扯斷雲裳、遍裸皎皎之身相許於他的吧？倒用不著什麼妾。

　　然而，最有指導意義的，當然還是他於行文中所表達的曠達思想。人言洶洶可畏，禮教巍巍如山，無論封建社會的士大夫還是當今時代的文明人，這種劇飲狂歌似的、堅持自我的社會價值觀都不能不說極為難能可貴。現實生活中，如果說無原則順應是一種合理的生存方式，那麼忍氣吞聲便也必定是一種合情的生命態度。然而，三白和芸娘無懼、有我的個性特徵使得他們結婚十二年後因失歡於家長被逐出家門，只好投靠朋友，寄人籬下，以書畫針繡勉強維持生活。可敬的是，他們毫不動搖真性。要知道，保持真性是需要勇氣的。造物主給萬物同樣一個結局，人類只不過是在賽道中日益強悍起來。這強悍就在於：人的無所畏懼。

　　我們都會在長極且短的生命中出現極細微的停頓與極渺小的困惑，而在體制範疇裡，又到處瀰漫著道學的庸俗和虛偽，從所謂官階和事業上說，三白是平凡的，但平凡的三白和他不平凡的愛人卻有勇氣和自信擁抱生活，追求愛情，敢於將自己真實的主張傾吐給世界……除了豔羨那樣的好愛人，我們因此還尤其尊重了《浮生六記》所貢獻給我們的歷史意義。

　　如今，我們再難見到這樣紫玉一樣紮實而寧靜的文字。這樣的我們！是這樣的我們，不知不覺中似乎丟失了什麼——我們把很多東西遺

失在了十八或十九世紀，或者更遙遠年代的列車上。為什麼現代人得不到這種寧靜？問題在哪裡？如何解決？能否解決？或者，事已至此，我們該如何給予全新的面對？這是先知甚至救主的事情。我們好像有點無能為力了。

而他們，為了迎合消費者的心理需求，意義的製造者，即商品的生產者，紛紛動用操縱在他們手中的大眾媒介的力量，將一道道虛幻的光環投射在劣質商品的頭上，將空虛、淺薄、平庸與粗俗——現代人的本真的生存狀態，現代工業文明的產物——包裝成豔情、矯情、炫富、以無恥為個性等等出售，面目可憎，大眾則透過商品的消費，獲得了他們缺少與渴望的一切——刺激。在勞動產品被當作商品來出售的年代，像《浮生六記》這樣，豔也不夠豔、閒也不夠閒的安靜之物，也就成了我們的遺失之物。加之人們社會地位不穩定，充滿了不安全感，人人眼中生釘，不露真情，多見怨氣。而在文化領域內，大眾毫無個性，缺乏鑒賞力和辨別力，只以買點賣點相應答，造就了聖者不聖、俗者不俗、魚龍混雜、難以剝離的混亂局面。大家既生浮世砧板，便作待剖魚肉，身不由己，隨了浪打浮萍，看上去，好像個個都在漩渦裡哭泣。可三白和芸娘就是這樣，活潑魚兒一般，跳出水窪，奔向了大海。他們彼此微笑——我的笑容因為你的笑容——暢遊在柔、真和善、美之間；他們又都喜歡讀經讀詩，這溫柔的牽引和開啟，更添翅膀，超拔、承載他們到那理想之境。

在他們大小兩雙手協同創建的世界裡，有著小小的入口和另外的月亮，乾乾淨淨的木棉微風，還有呀，天藍雲白，海清沙細，細沙裡沉了兵戈，只存溫香軟玉，和美麗光芒。

那是個最好的世界。

當陽光照在海面上，我思念它。

書能香我

——讀書筆記之十二：茵夢因夢

平心而論，她的作品不如她的譯作更好。這裡主要說的是她的譯作《愛的覺醒》，連帶說一點她的作品《生命的不可思議》。但……對於一名美得那樣——那好大的才子看看她的腳踝就愛上的女子，她的作品也就足夠好啦。

這部經她手翻譯的克氏哲學代表作《愛的覺醒》，語言寧靜，機鋒從容，簡直含英咀華。可以說，她再創造了一部書。不用說那些描述性靈的文字，單看這描述景物的一段：

「……那個清晨山谷非常寂靜，連貓頭鷹都不再呼喚它的伴侶，它低沈的呵呵梟叫一個小時前才停止。太陽尚未升起，晨星還在閃爍，西方的山丘上方懸掛著一顆孤星，東方的曙光正逐漸擴展。太陽升起時，佈滿露珠的岩石閃閃發亮，仙人掌和綠葉變成了銀灰色。大地之美覺醒了……」

即已美不勝收。

還有關於愛、慈悲、聰慧、美和生命的宣敘：

「悲傷的終點是愛。有這種愛的地方，就是慈悲。而那樣的慈悲具有它自己的完整而不可侵害的聰慧。當那樣的聰慧採取行動的時候，那行為永遠是正確的。有那份聰慧的地方，就沒有衝突。你聽過終止恐懼、終止悲傷；你聽過美和愛，可是聽過是一回事，行為又是一回事。你聽過一切真實的、合乎邏輯、合乎情理、理性的東西，但是你並沒有依照這樣的法則行事。你回到家，然後又開始憂心，開始衝突，開始痛苦。因此有人問：這一切的意義何在？聆聽這位演講者說話，但卻沒有實踐他的話，意義是什麼呢？聆聽但卻不實踐，等於是在浪費生命；而生命實在太珍貴了——它是我們唯一的東西。我們也不再與大自然接觸，我們不愛樹，不愛鳥，不愛水，不愛山；我們正在破壞這個地球，

我們正在彼此破壞，這些行為都是浪費生命......」

即便開始懷疑明星譯作究竟能多好，最後也不得不慢慢愛上。這是原書的傾情召喚？還是因夢的無敵魅力？

它和奧修著作有點像，又絕不相同。讀過後，會覺得一些自己都莫名的東西、一直糾纏而無法釋懷的東西會奇蹟般地釋懷，想通：此岸和彼岸的時空距離，其實只是心中的妄念罷了。愛出現了，時空便匿遁無形。而只有當妄念和慾望進入時，時間的空隙才出現。你若認清了這一點，此岸就是彼岸，死亡也並非終點，無慾即無所畏懼，無所憂傷......由此，我們不怕了憂傷。

而當掩卷，你想說出來它的好，可發現語言壓根兒幫不上你的忙......去看望胡因夢和她牽住衣袖請到的、遠道來的克里希那穆提，和她和他，靜靜地坐在一起，蒲團打坐，便不再無謂地追趕自己了，只是看著......哪怕不看，只靜靜擱在床頭，也是安慰。

如此優質的譯作，忍不住教人回頭找舊年筆記本，看插頁裡舊時影壇仙子「胡茵夢」、而今通靈譯者「胡因夢」的照片。

她那麼美，美得嚇人，美得即便瘖啞也像發光。忍不住轉頭說一點她。

就像我從來不認為部落格是日記一樣，我從來不認為胡因夢的部落格不是日記。

聽起來似乎是個悖論。可是，如果你看過她的部落格，看過她的專訪，再看過她的自傳《生命的不可思議》，耐心地讀，便可以漸漸發現這個女人身上超出眾人——尤其是男人——的真實與乾淨：她的口語和書面語竟如出一轍，舒展，透明，不躲閃，不掩蓋，不怯懦，不自抑，像極靜水深流——袒露著自己的一切，剖析著人性的善與惡，毫不矯飾，好像她不屬於這個功利、蕪雜的人間似的。

布拉德•皮特曾說過這樣一句話：「一個人一定要找到一位可以和

他（她）的真實自我相處的人。」她找到了──那就是她背後的那個她。她或許沒有能和真實的他相遇，但她和真實的自己相互撫摩，也已足夠。

輕風繫不住流雲，流雲卻帶走了歲月。看看她的這一幀近照：中式布衣、一雙球鞋，十分淡定地端坐著，臉龐微微地泛出一點紅，頭髮超短，倍兒精神，眼睛清澈如潭，掩藏又暴露著她的自省智慧。沒有，她一點妝都沒有上，她不用了。我們老說「書能香我不用花」、「腹有詩書氣自華」什麼的，可我們還是週週去逛香水店和時裝街......她超越了我們。

至此，我彷彿才真正意識到，胡因夢已然確乎不是那個張揚乖戾之中摻有一些些落單的小姐，那個長髮飄飄、水晶鞋花長裙、眼睛不好好看人的春光豔好的女孩，而是一位愈秋深愈清朗的中年婦人了，時間只是令她生命飽滿，如一枚果子，逐漸紅透，卻不見老態，只帶著少許淡淡的自來舊的暖暖的感傷。唉，那樣單薄的青澀之美，怎敵得過這馥郁的圓熟之香？而今的她是韜晦的、素樸的，靈氣和敏感的氣質隱藏在內底里，內心浩瀚卻波瀾不驚。

在一檔電視訪談的節目裡，這個55歲的大美女子呼啦一下子變成了一介赤子：笑靨如菊，清淨澄明，聰穎而內斂，溫煦而恬然。繁華的場面人情中，她分明是可以入世、有能力承受生活的。然而在溫軟文字和娓娓訴說之外，她又是收放自如、騰挪開距離的。我在想，當時的胡因夢，有沒有酣飲人生甘苦之後的感懷，有沒有眷寵似水年華的心事？若說沒有，為什麼她的眉間淺淺的紋理，冷冷的劍光一樣，總是在沉寂的不經意間閃上來？是骨子裡的悟性超拔使然，還是面對大千世界的欲說還休？不知道，誰也不知道，只看得見她恆常的若有若無的一抹笑。

笑不代表什麼，正如哭也不代表什麼。我們只曉得，與李「大師」那一段驚世駭俗的婚姻的傷口日復一日朝天晾著──一直到多年以後，仍然能看到他對她窮追不捨的攻訐，而她的高貴在她對此的緘默──無

論在那段感情裡她是對與錯，或對多錯多，於這件事上她都做對了。而當她遭遇到了生命中最重要的男人——自己獨生女兒的父親時，又以別人婚姻第三者的身份，在41歲高齡生下了這個突如其來的小生命。緊跟著，她患上嚴重的產後憂鬱症，還發現了一個巨大的「卵巢畸胎瘤」。產後三年的時間裡，她完全經歷了一個由生到死、又死後重生的涅槃。也許就是這些我們很難想像的磨難，讓她領悟了生命的力量和智慧，才成就了今天我們面前這個流露出孩童一般的笑的出塵女子。

我們是誰？從哪裡來？到哪裡去？我們大部分人的大部分時間在奴役自己的身體，該吃飯的時候不吃，該休息的時候不休息，該上洗手間的時候不上洗手間......幹嘛活成這樣？意義在哪裡？這樣能快樂嗎？能有幸福感嗎？身心都不健康，會有愛嗎？不會有的。全部都變成負面思考，不是惶惑就是恐懼。我們把那麼高貴的生命消磨在許多毫無價值的事情上，毫無承擔的誠意和思索的空隙，而對於生命未知的惶惑和恐懼無處不在，它的數字跟胖子的體重、老人的年齡一樣，隨著飯量或歲月呈幾何狀遞增，存在於我們的文化中，存在於我們的勞動中，存在於我們的制度中，存在於我們自身，它把我們與一切阻隔開，與真正的生命隔開，我們有多麼不甘，它就有多麼頑韌。饒是如此，我們仍然嚮往與他者聯繫為共同體，因為你我曉得，依靠這個共同體，我們才能消除掉內心的障礙，在生活中才會感覺更自在，相互間才不再陌生，地球上才不再存在異鄉人......就這種惶惑和恐懼，多少先賢做過多少無謂的、值得尊敬的努力呵！

就連在一部普通的電影《蘿拉快跑》裡，梅耶叔叔思辯性的聲音也低沈而無力地咕噥著。正如古今中外、上下千年，哲學家們都忙活著同一個命題，始終沒有放棄對人類終極意義的思考，也始終沒有思辯出多少新意。而胡因夢竟蛻曾經滄海的、曾經感性和性感的「蛹身」，一變而成已然為水的、看禪的和諧與寂靜的「蝶」：研究慈悲，研究愛，研究禪道，以及生命的大道......儘管這必定無極，而即便曉得它那麼無極卻投身其間義無反顧，是不是更算得另一種形式的勇士？跟西西弗斯日

復一日推動巨石的詩性勞動一般，她藉此而獲得力量，和不凋謝的美麗。

還記得，年輕時，她以天使般的美貌、浪女般的性經驗、貳臣般的單親母親等符號迷人，臨到老了，她居然又以詩哲般的智慧、嬰兒般的純淨、少女般的心靈優美等符號迷人......從胡茵夢到胡因夢，從芳華絕代到洗盡鉛華，從風月無邊到雍容入骨......她全無美人凋敝的末世之感，並且飾演什麼角色什麼都居然仍是最棒的──天！她洞見一切，她嚇著我們啦，這個巫女也似的女子呵。

就這樣，胡因夢再一次如亂花迷了人眼，晃得萬丈紅塵中的俗人如你我，忽覺心頭如破柴門得明月洗，似乎一時間千年愁，百年恨，皆可化於心；他人讒，汝輩恥，都能付之笑......然覺得是覺得了，到底放不下，沒有抉擇得了，只憑空添了些慚愧。

是不是，透過觀察自己、否定自己、清空自己實現靜心、冥想、內省，可以使自己謙卑、慈善、發現深情和愛，那人生不可思議的深度？那意義非凡的境地？是不是那裡蘊含著我們沒有看見的、驚人的美，沒有衝突、痛楚和憂鬱，只有圓滿、完整和徹底的豐足？

是不是，雖然不能徹悟大師的教誨，無法抵達高端的境界，但可以相信有那樣的聖境存在？是不是永遠成長就擁有了神性？是不是有反思的勇氣和懺悔的力量，這代人就能獲得救贖和簇新的希望，就能從中獲得拯救我們的精神資源？......就這樣，她的人和她譯的書一樣，彬彬有禮，從容不迫。卻有能量，有不可言說秘密，有潛伏的心事，有身心靈全面成長的記錄和想像，有長長大大的愛的「沙麗」瀰漫裹挾在字裡行間，並四處散逸，幫我們把俗常裡的勞碌和利祿全部擁抱過來和一一撇清，幫我們細細地把普通白米飯嚼出糖果的甜味，讓我們懂得：不置身於懸崖，不置人於絕境，不追逐不放棄，便成就了愛。

唉，如果沒有這樣無私而耐心的搭救，我們將對此多麼無奈！儘管那不過是些沒完沒了的勞碌和或許只有一丁丁點兒的利祿，儘管那是久

而久之味同嚼蠟的白米飯，儘管愛那麼無奈那麼難。

是的，女人就是這樣一種奇怪的生物，較之男人，她往往要求得更多：在某些時刻，我的女伴和我交流起來，竟驚詫於大家都有過幾乎同樣的瞬間，儘管那不過是瞬間：自己赤裸著的精神領空，時時地，會盛放出一種非物質的純美元素，你不曉得它是什麼，也無須追索。它暗夜般迴旋著，突兀著卻也平緩著，擾著你的身體與知覺慢慢下沉，使得精神和身體恍然呈現一種暫時的剝離，莊生夢蝶。最終，落至某個神祕渡口悄然睡下，不知憂歡，如漸漸涼開的秋......或許，說女人感性，說女人善感，都是有一點道理的吧？

因此，我們——尤其是女人，便可能會帶著些許歡喜和荒涼的笑，去愛一株植物，去歆羨一隻飛鳥，去聽一聽《四季》，去讀一點諸如此類有關愛——或者說有關禪的書......其實，除了一顆羸弱的心和一具孱弱的靈魂，我們——包括女人，還是渴望有一個瓶，去盛放我們作為人的大孤獨。

只能這樣了。

幸好，還能這樣。

早悟蘭因

——讀書筆記之十三：這裡那裡

說了那個從「茵夢」」到「因夢」的，又想起這個從「徽音」到「徽因」的。她同樣美得不可收拾。

她到底有多美？日益模糊的老照片說明不了什麼，也說不透。似乎怎麼誇張都不過分。

女子看女子也許更不客觀，尤其是這女子是另一個的情敵時。但聽

梁思成的第二任妻子林洙憶及第一次見到她時說的評語吧：「我不想用細長的眉毛，大大的眼睛，雙眼皮，長睫毛，高鼻樑，含笑的嘴，瓜子臉......這樣的詞彙來形容她。不能，在我可憐的詞彙中找不出可以形容她的字眼，她給人的是一種完整的美感：是她的神，而不全是貌，是她那雙凝神的眼睛裡深深蘊藏著的美。」

——說實話，看這一段，倒教我覺得此林雖非彼林，有迥然不同的面貌和氣質，但一樣夠好夠優質。倒不得不歆羨梁翁難得的好福氣，也對他產生了一點點的不屑——這不屑多半是心疼她的緣故。幸好安慰我們的還有那句古語：「大美之形，苦與憂並。」唉，或者倒過來讀讀更多得些安慰。

而除了美如天賜，她蜿蜒流轉的聰明和光芒四射的才華也是豐沛到無以復加的地步。梁思成說：「林徽因是個很特別的人，她的才華是多方面的。不管是文學、藝術、建築乃至哲學她都有很深的修養。」她的興趣之廣、涉獵之博，簡直有點教人坐地觀天瞠目結舌的意思了：她她她，竟可以在詩歌、小說、散文、戲劇、繪畫、建築學......幾乎任何領域均有不俗建樹（儘管她的文學新文藝腔讓人實在是不太舒服，可是，你得允許人家時代的侷限。那時就興那個。若生在那時，你也那味兒——說不定還濃呢）。上帝實在是太偏心了——有人不足得吃不飽，有人就富裕得剩下。

定睛瞧，我們還看到，一個姓金的逐林而居，為了她終身不娶——他把心底和身畔永恆的、唯一的、最寶貝的席位留給了她，匆忙中抽身退出——他要她快樂，甚至不捨得她兩難中做選擇。當她伴了另外的人——她的愛人一生、然後病痛不治離去時，這位中國近代邏輯學的鼻祖，人到老年的他，把臉埋在臂彎裡，嚎啕大哭，悲切得像個小孩子。

沒有誰可以做到這種程度吧？我們的愛人都是淚不及自然幹、手絹頭粗粗揩揩、轉身就破涕為笑。因此，這個金子一樣的金翁使我們心生嚮往。

我並不喜歡別人賦予她的那個「太太客廳」一說。那一定是別人附會、而絕不是她自己叫囂出來的──如果那樣，似乎並不值得金先生一生立志孤獨終老。當然，金先生和她都不會那麼淺薄。

她只是孤獨。需要說說話，和同一類的人說一點關乎藝術和生命的大言。她從小學古詩、習英文，具有紮實的中國古典文學功底，又遍披著中西文化交相映著的霞光，心中總有些繽紛爛漫桃花滿天似美好的話要說，值得說。生活這麼瑣碎，生命如此細弱，我們哪能把所有的時間都廢絕在沒有什麼意思和意義的事情上？總要偶或高蹈一下，才不枉青春、友誼、才情乃至愛情。

一杯清茶，些微點心，談文學，說藝術，天南地北，古今中外。在老北平東城總布胡同三號，那個方寸之地，她一直是最活躍和周到的人物，讀詩，辯論……無不精闢獨到。來客很雜，除了文學界和建築界的朋友，還有棋友、京劇票友和外國友人，一群顯而不仕、潛隱不彰的異人。就這樣，那個「客廳」嘉樹成蔭，片片葉子都是床床棉被，讓每一隻聚此安睡的鳥兒都受用到它的溫煦。

來看看當初她的那些座上客吧：那個姓金的──文藝愛好者金嶽霖、文物愛好者沈從文、愛情愛好者徐志摩……呵呵，還有一對中國愛好者──美國佬費正清夫婦！當然還有，著名博士胡適、著名詩人梁宗岱、著名哲學家鄧叔存、著名國際政治問題專家錢端升、著名社會學家陶孟知、著名作家淩叔華夫婦；呵呵，原來竟有，率真豪爽的政治學家張奚若、不苟言笑的經濟學家陳岱孫、溫文爾雅的考古學家李濟……便可知曉，她不是小曼一樣的交際花──當然，小曼也不僅僅是交際花。另說著。

每到週六，學者們的妻子也往往趕來參加聚會，高潮當然是中午在飯店裡的聚餐，差不多每次她都給大家講上一段開心的故事，而故事的主角往往是她自己……那些被複述了又複述的美好場面，教人不禁微笑：她的孩子氣並不妨礙她才華橫溢，反之亦然──不由想起，哪一個

傑出的人物，不是秉了赤子心腸？

　　一次，因了一首新詩，她與梁宗岱爭得面紅耳赤，兩人都幾乎離座站了起來，勢同劍拔弩張。看到這個情形，第一次參加這個沙龍的小弟弟蕭乾很擔心，緊張得要求沈從文勸架，沈擺擺手說：「在這裡吵，很正常，你不要管他們，讓他們盡興地吵，越熱鬧越好。」爭吵的結果是：梁大詩人哈哈大笑，大家也哈哈大笑，她笑得最響，連腰都直不起來了，像個不諳世事的小姑娘。

　　於此，蕭乾先生像個精深博大、玉潤竹青白鬍子老中醫似的，一把把住了她的脈——在《才女林徽因》一文中這樣寫：「聽說徽因得了很嚴重的肺病，還經常得臥床休息。可她哪像個病人，穿了一身騎馬裝......她說起話來，別人幾乎插不上嘴。徽因的健談絕不是結了婚的婦人的那種閒言碎語，而常是有學識，有見地，犀利敏捷的批評......她從不拐彎抹角，模稜兩可......」「雙眸因為這樣的精神會餐而閃閃發光」......喏，這才是她最迷人的那一瞬間：除了「她說起話來，別人幾乎插不上嘴」，剩下的那些，我們都喜歡到不行呢。對這一點，想來厚陸薄林派們想來也說不出什麼不是。

　　她是如此細密地蘊藉，多重地可愛，不是一個「美貌」也不是一個「多才」便可以道盡的。因此，當那個我一向不喜的矯情徐志摩對髮妻說起「我沒時間了，徽音要回國了」時，我們誰都不懷疑他的誠意。

　　她並不是神，也跟我們一樣，很多時候無法選擇，無法選擇遇到誰和不遇到誰，無法選擇在某個時候遇到某個人，但是，可以選擇的是，哪些是濃比花蜜，而哪些是淡成白水。儘管她最後選擇的不是她（她也許明白地覺得他並不是夫君的最好選擇吧），可還是，在他離去之後，將他所乘的失事飛機一片殘骸長年放置書桌上，而夫君也竟理解地默許——在早年他們一起與朋友們的大合影上，他不顧鏡頭，傻傻地扭頭貪望著愛人的樣子我們記得多麼清楚——當然，他和她和他們的愛情早羚羊掛角無跡尋。

而僅僅是「氣質美如蘭，才華馥比仙」也不能夠使她美到華彩——成天被叫成「曠世才女」、「曠世才女」的，世哪有那麼好曠的？總有些其他的一點什麼，把她與凡俗女子分離出來，而高高在上。

　　還是說那個「客廳」。她當然不只是靠女性角色和高談闊論便贏得友誼，她有「一副赤熱的心腸（李健吾語）」。她對前番提到的當時初出茅廬的蕭乾先生說的第一句話就是：「你是用感情寫作的，這很難得。」這話給了其時並不得意的他以極大的鼓勵。另外，沈從文是常常到「客廳」去的，他從小在湘西長大，有著非常豐富的生活底子。他碰到一些事，也會跑到她那裡去尋求安慰。一天，沈從文差不多是哭著趕到那裡，說他的妻子張兆和到蘇州娘家去了，他每天都給妻子寫信，但得不到理解。她當然給予最無私而真誠的安慰和鼓勵。

　　「客廳」是大家的加油站，高懸在頭上的金蘋果，是跑車和眾神共同的渴望——你不是跑車？那些人類裡的精華，不是眾神？

　　她不拒絕凡俗。她也並不超凡脫俗，有做得不夠好的地方。譬如，她從山西請人給冰心捎來的那一罎子香醋——固然是氣不過、自衛式的暗諷，但，沒有這一罎子醋的她怕是更香一些。唉，既然人人都看得到那「一罎子」，何苦千裏迢迢又弄個真的來？還好麻煩的。

　　何況，女「罎子」不少，男的也有些許呢，難道人人送到？也沒有那麼多醋和時間去白白地、「嘩啦啦」倒掉在裡面。倒不如收斂了，歇著手腳，儉省著精力去做更有意義更大的事情——哪怕睡睡，也更膚美。

　　除卻中西合璧的美麗和才華，我更喜歡讀到的是：1949年以後，林美女在美術方面曾做過三件大事：第一是參與國徽設計；第二是改造傳統景泰藍；第三是參加天安門人民英雄紀念碑設計，為我們的民族及國家做出了莫大貢獻。任何一個真正的、優質的才人，他（她）一定不是只低頭看腳或擡頭看雲、尋尋覓覓冷冷清清淒悽慘慘戚戚的，他（她）的目光在地平線，在山山水水的跋涉——一定有什麼，於偏於柔

弱、纖麗的格局中，獨標一種剛健、雄邁的風骨，高蹈，廓大，鐵馬冰河、黃鐘大呂，並且堅不可摧，才教他（她）脫穎而出──他（她）的傑出值得脫穎而出。

她以繽紛草木無限向美的形態，迎接不歇風雨一直未停的凌遲，縱處處掙扎，仍回眸一笑：窮鄉僻壤、荒寺古廟中不顧重病、不憚艱辛與梁思成考察古建築；戰爭期間繁華落盡困居李莊，親自提了瓶子上街頭打油買醋；中年時一貧如洗、疾病纏身仍執意要留在祖國……哦，李健吾抗戰期間聞聽她雖罹患重病而不離開祖國時，不由評介：「她是林長民的女公子，梁啟超的兒媳。其後，美國聘請他們夫婦去講學，他們拒絕了，理由是應該留在祖國吃苦」（《林徽因》）；卞之琳言說：「……現在由內外關係、中外關係我總聯想到林徽因，儘管是海外的過來人，總以中土為她的歸宿，為之服務，也許可以說是中國人特有的優良品質，不過林是表現這種品質的佼佼者，特別高潔者，本身就富有詩意的人才」（《窗子內外──憶林徽因》）；雖說她的個人生活一度苦到不堪，寧願和家人「靠攏一點」、死也要死在一起、免得留下活著的去孤孤單單承受悲劇的決絕心情，已足夠表達出現實的沉重與嚴酷。可是，還沒有完，還要加上病痛的折磨，無休無止的高燒、肺炎：1937年，在逃難躲警報的途中，湘黔交界的一個小縣城，夜雨夾著雪，高燒四十度；1940年，在四川山村，簡陋的農舍裡，她肺病惡性發作，臥床不起，一支體溫計被失手打碎，不斷處於高熱的病人竟大半年沒有測量過體溫……談到戰爭，她還能拋開「小我」想到士兵：「由他們吃的穿的到其它一切一切。『慚愧』兩字我嫌它們過於單純，所以我沒有字來告訴你，我心裡所感到的味道。」「天這樣冷……戰士們在怎樣一個情形下活著或死去！……後方的熱情是罪過的，不熱情的話不更罪過了？……我們該怎樣活著才有法子安頓這一副還未死透的良心？」（1937年月10月於長沙致沈從文）………………

走出「客廳」，透過這些夾雜著雨雪霧霾、硝煙塵沙的瑣碎的私人文字（倒比她真正的文學作品還要動人些），我們嗅到的，是一名學者

的良知、德行，博大的關懷力和愛力。而即便研究自然科學到得一定程度，也是拼得關懷力和愛力的大小和持久與否（因此我們可以看到，某些自然科學的泰斗，他竟常常同時是個詩人。也許他一輩子不寫一首詩，但你就是否不掉他的詩人身份。他不是個詩人才怪了），何況，以人類或細小或恢弘種種命題作為物件的社會科學？就這一點，至少在女子裡（嗳，除了一個光輝萬代李清照），她也幾乎稱得上前無來者。

親眼見她與夫君以「原始純樸的農民生活」而繼續致力於學術事業的費正清則如此落筆：「在我們的心目中，他們是不畏困難，獻身科學的崇高典範……不論是疾病還是艱難的生活都無損於他們對自己的開創性研究工作的熱情……他們不僅具有極高的學術水準，而且還有崇高的品德修養，而正是後者使他們能夠始終不渝地堅持自我犧牲，堅定地為中國的現代化作出了自己的一份貢獻（《獻給梁思成和林徽因》）……」

我所能模糊記得、令她尤其美麗的是：抗日時期逃難宜賓時，只有五歲的兒子梁從誡不無天真而略嫌老成的問語：「媽媽，日本人要是真的打來了怎麼辦（大意）？」之後，毫不猶豫地，她如此作的答，教人每每淚流：「家門前不是有一條江嗎（原句）？」

家門前有一條江啊……唉，不曉得怎樣感歎她，這個亭亭玉立、優雅到讓人不敢正視的女子。

哦，還有還有，最美麗的她呀，在那裡：二十世紀五十年代初，北京市委研究決定大批拆掉大城牆和城門樓，人們都記得她的夫君（唉，他說「拆一段城牆，等於剝我一層皮；拆一座城門，等於割掉我一塊肉」）曾為此作了痛苦的抗爭，其實她也盡了自己最大的努力——他們本來有一個美好的「烏托邦」要建立的：把老北京舊城改建成一座世界上獨一無二的「環城花園」，可供10萬人休閒的美得眩暈的巨型公園。可到1954年（1955年4月1日，51歲的她即辭別了這個世界。而年年這一天，我們瘋狂紀念一位同性戀影星——「同性戀」沒錯，「影星」也

蠻好，只是由不得不扼腕：沒有一個還能記得她），她已然病得很重，不停地咳嗽著，纏綿病榻幾乎爬不起來。仍拖著顫巍巍的身子去找當時的權威部門權威人士辯論（那辯論，超出「客廳」裡她榮光過的所有風采，也遮蔽了一些由於醋或酒引出的、真或假的不名譽），像一個始終熱愛著、恪盡職守著的大地值勤者——儘管那「熱愛」是無望的熱愛，那「恪盡」卻終究要恪盡。

扒扒史料，細細重播一下鏡頭吧，看看這個女人最美的一瞬到底有多美：

1953年5月，北京市開始醞釀拆除牌樓，對古建築的大規模拆除開始在這個城市蔓延。時任北京市副市長的吳晗擔起了解釋拆除工作的任務，為了挽救四朝古都僅存的完整牌樓街不因政治因素而毀於一旦，她的丈夫，梁思成與吳晗發生了激烈的爭論。由於吳的言論，梁被氣得當場失聲痛哭。其後不久，在文化部社會文化事業管理局局長鄭振鐸邀請文物界知名人士在歐美同學會聚餐會上，她與吳晗也發生了一次面對面的衝突。同濟大學教授陳從周回憶道：「她指著吳晗的鼻子，大聲譴責。雖然那時她肺病已重，喉音失嗓，然而在她的神情與氣氛中，真是句句是深情。」牌樓今日早已隨著文化浩劫一同煙消雲散，但林徽因當日的金剛怒吼，必將永遠環繞在每一名具有良知血性的中國學者心頭。

她當時大聲呼喊出的是：「你們拆的是具有八百年歷史的真古董，將來，你們遲早會後悔，那個時候你們要蓋的就是假古董！」

一句話，柔弱才女做金剛怒吼，血性和氣場都有了。

彈指間50多年呼嘯而過，今天看，她說的和做的都沒有一點錯。燭照千里。

而相較她天真不鑿、嚴格自律、白璧無瑕的人文操守，以及無畏權貴、放眼緊迫的人間問題的慈柔襟懷，現世的我們更熟悉的是喪盡天良、首鼠兩端、助紂為虐、落井下石、明哲保身、得過且過等等數不過

來的流氓哲學、鄉愿道德和犬儒主義。

這個人，她早悟蘭因。

因此，我們今天的哭徽因裡，有一半在哭自己。

國外部分

所謂伊人

——讀書筆記之一：日本日記

我所在的這個城市的冬天不僅僅是冷，且悶得有些過分，霧嵐乃至塵埃罩扣得人透不過氣。況且，我所在的這個「城中村」沒有一棵樹。

我沒有一棵樹。

對於冷通常只需要暖氣就可以升溫，而解悶更尋常的方式則不過是娛樂了，到處充滿了娛樂的吆喝和誘惑。人人都是販夫走卒。當然，販夫走卒也很可愛，但那些悠遠優美的吆喝一俟遠去，單個兒拿出這「販、夫、走、卒」哪怕僅僅是這四個字也便帶上了些面目可憎的味道。娛樂並不愚蠢，也是生之需要，愚蠢的是大多數人對娛樂生吞硬咽，且扔掉了選擇，被那些領掌的人牽了走。我們缺少的是對娛樂的賞味。在這冷、悶和躲避不及的娛樂當中，幸好，還有那些架上山河，可供臥遊——我重讀了幾本舊書——日本女作家的，與時令的冷、悶和時下的全民娛樂風正是中和了的，存了三月和九月天的愜意的溫涼。

這些書孤獨，典麗，精微，啞著，細細看又是啞光的，閃著沒有光芒的光芒，素樸、忍耐、峻直、靡弱、清新、天真、安詳、芳香......既讓人安之若素卻又有些許跌宕顛仆，不由得人心上擊節，跟著輕輕地和著，和微笑。

她們給我的感覺不一而足，清淨無為，又充滿思索：像游離於娛樂和物質的體系之外，又滿紙塗抹得盡是我們所熟知的那些細節；不以憤怒之音而令人動容，也不以巧笑之容而令人喧嘩——它們以沉靜之詞動

了我心。是的，我們中有的失業又失業，有的被減了薪，有的離了婚，有的無論如何找不到一個哪怕不怎麼樣的愛人，有的遭受了媽媽離開的痛楚......以致好多好多的現有的社會問題、個人問題，好多好多雜務蝟集、負面情緒。這一切的問題令我們沒有耐性去面對自己，我們微微驚恐，也快要使自己的性情變得暴烈乖戾和感到無助。還是說，幸好，幸好有如此處子模樣的幾本書，寬厚仁藹，可以略略倚靠。她們為我們拔苦成樂。

而這些一拍便撲撲飛起薄塵的舊冊子，一顆逞強、飛揚的心是讀不了的。

睡去了的舊冊子記敘的不過是碎片，卻充滿著張力──條分縷析，筋骨分明，鋒芒收進去，優雅現出來，用「寒塘渡鶴影，冷月葬花魂」來譬喻，似蠻貼切。她們不頹廢、迷離、顧影自憐，她們有爆發力，溫愛一切，不冗長、不鬱悶、不浮華，比之那些了無新意泛泛而談的陳詞濫調，那些經歷了曲折愛情和光輝歲月的女子們，她們那麼有限地收緊著自己的感覺，像只簡化到白粉以及眼眶嘴唇幾處很少的修飾的藝伎，有著修長雪白的頸子，端肅簡澈。她們在大氣和全面中力求冷靜與成熟。這些冰雪聰明的精靈，把一切人生體驗一股腦兒地大鍋燴，卻幽深綿長，溫暖如被（有的寒冽，但那不是另一種的溫暖嗎？），由不得人不齒頰生香；這使得這些文本更像一幅幅簡筆浮世繪，像佈滿星辰的天空，在光和影中或緩慢或迅疾地流動，構成璀璨的風景。也許，一個人，饒是什麼都沒有，藉此微末光亮亦可勉強過得人生的漫漫黑夜。

她們是我的樹。

一

和泉式部二十歲時，同長她十七歲的橘道貞結婚，生下獨生女小式部。其後，夫妻反目，和泉式部又和冷泉天皇第三皇子為尊親王相戀，

成為世間注目的焦點。可是，為尊夭逝，年二十六歲。

翌年四月，為尊的弟弟敦道親王向和泉式部求愛，歲末迎她進宮，為此，第一夫人氣憤地跑回娘家。然而，敦道親王也病歿，年二十六歲。才女的愛啊。

不久，式部又同道長的部下藤原保昌結婚，夫妻間似乎和睦偕老。但在這之前式部遭遇喪女之痛。上天似乎總要特別磨折那些特別敏感多情的心靈──他把這個叫做恩典。不曉得是諷刺還是什麼。

《和泉式部日記》始於式部收到敦道親王情書，至第一夫人離開宮廷，為期僅十個月。作者在作品中，以第三人稱自稱，試圖寫成「物語（小說）」形式，只是，你我都明瞭，戀愛中的女人往往無法保持冷靜，文中時常出現「自己」，因此，為後人歸為日記。她的和歌中有這樣的句子：「朝思暮想，螢光似吾身。魂牽夢縈，點點均吾玉。」那些愛之歡愉和憂傷，的的有著瓔珞相擊的、細碎的、默契的典雅，教人摩挲，放不開手。

像寫詩一樣生活的，我一直喜歡的更有：紫式部和清少納言。

一直覺得，日本平安王朝時期之一大幸事是同時代出了兩位絕世才女：紫式部和清少納言。兩部日本文學的典籍之作《源式物語》和《枕草子》的誕生，在奠定了平安文學的整體性的接觸成就時，加入了一抹女性卓越而幽微的氣息。

小時候本來有點不屑紫式部的為人的──從未經歷旖旎戀情的紫式部在日記嘟著因為嫉妒和驕傲而不好看了的嘴生氣地說：「和泉式部這人，私生活雖令人不敢領教，但稍有一點和歌才能。不過，她對別人的和歌評論，完全不正確。雖是那種不需努力便能作出和歌的人，但也不是什麼傑出歌人。」對於清少納言，她也有類似的模糊攻擊。但是，但是……如你所知，她那樣的清苦寒冽的出身和經歷，怕不還是都因了妙玉般齟齬現實和品貌才情的牴牾，乃至晴雯樣身世身份與心中真我的糾

纏？唉，年紀漸長，讀到後來，竟惜了她，這個一輩子無比喜歡白居易、還飽讀《蒙求》、《史記》、《文選》、《倭漢朗詠集》、《列子》、《論語》、《述異記》、《杜少陵詩集》、《晉書》、《李嶠詩》、《毛詩》、《白虎通》、《孝經》、《淮南子》、《韓非子》、《遊仙窟》、《劉元叔詩》……才情如大江奔流的女子，她如是寫道：「水面上非常涼爽，水面開遍荷花，蓮葉青青可愛，葉上露珠像寶玉一般閃閃發光。」「紫夫人是十四日亡故的，葬儀於十五日早晨舉行。不久太陽鮮豔地升入天空，原野上朝露消散得影跡全無，源氏痛感人事無常，正如此露，越發厭世被關起來。」

…………

多麼乾淨又多麼漂亮！像春天裡飛來窗前的第一隻鳥兒，叫醒我的耳朵。也因此，她的《源氏物語》一直是心頭好、枕邊書，隨便哪一頁都染著薄舊暗香的。她的才華倒也配得上她的驕傲。

插幾句：我接著紫式部粗粗讀的，是《蜻蛉日記》。無名氏作品，世人只知其為為藤原道綱之母所作。不是丈夫正室的她始終有著一種對未來不可知的憂慮，那種哀愁充當了她生活的全部內容，以致於面對清風明月、春花秋月，她都會生出無限惆悵。再加上丈夫雖然口頭上說著甜言蜜語，而實際上卻在別處尋歡作樂，在無數個漫漫長夜，她芳心似火地等待，直到對他所有漲滿格子的怨恨都化作了一撇無奈。年老色馳的她已然無法正視那個還是風華正茂的他。

看到後面不免會覺得這些文字有點囉嗦，還有點神神道道，因為它們無一不是講她如何等待丈夫的到來，如何在失望與怨恨中度過痛苦時光；丈夫在哪種情況下來了，又過了多久多久音信全無……然而這些絮絮叨叨構成了她生活的全部。一個女子全部的無奈和感傷都在這絮絮叨叨裡了。

她絕望地愛著。然而絕望地愛也是愛啊。愛情永遠只是生命之小劫——哦不，甚至絕望的愛倒是一種幸運呢。因為，後面灼灼賊目死盯著

等你的有：死別。

曾經有多溫暖如栗就有多不寒而慄。

曾經有多纏綿就會有多絕望的死別。

打住。

二

不得不說清少納言了。

這個與紫式部一樣熟讀白樂天卻和她不一般見識的女子——唉，其實如她們與之幾乎同時代的中國的楊妃、梅妃的命運的沒什麼區別，有什麼區別？她們的命運沒什麼區別，都是滿懷了夢境而與眾不同、不見容於世的才女的命運。

哦，說下去……這個執拗地用瑣屑的筆觸寫瑣屑的生活的女子，用快樂的筆端寫不快樂的生活的女子，她的《枕草子》其實也是一部日記（她自己說是自己看的，不巧被外人看見了，呵呵，宅心仁厚而聰敏頑皮的小女子啊），全靠著人手的傳遞才得以流布。她自己都說：「這本隨筆本來只是在家閒居無聊的時候，把自己眼裡看到、心裡想到的事情記錄下來的，並沒有打算給什麼人去看……」它有著明人小品的清俊，配奇異詭譎的封面：書脊和一部分封面被草紙貼著——真的是草紙，粗糲到盲著也可以看清紋理。但就是這本粗糲包裝、忽天忽地、人家女孩兒家的日記簿，讓世人掰開揉碎了地讀了一千多年，還在讀。她說：其實愛情「並無別事」——我知道，她的意思是說精神之吻遮天蔽日，感官疊加微不足道。那段原話也有意思，說的是而今不多見了的優雅的愛情：「在月光非常明亮的晚上，極其鮮明的紅色的紙上面，只寫道『並無別事』，叫使者送來，放在廊下，映著月光看時，實在覺得很有趣。」

81

是的，有趣，她說一些極其有趣的廢話：「楝樹的樣子雖然很難看，楝樹的花卻是很有意思的。像是枯槁了似的，開著很別緻的花，而且一定開在端午節前後，這也是很有意思的事。」「烏鴉都要歸巢去了，三四隻一起，兩三隻一起急匆匆地飛去了……而且更有大雁排成行列飛去，隨後越看去變得越小了……」噯，說得多麼有意思。她還說：「落雪的早晨當然美，就是在遍地鋪滿白霜的早晨，在無雪無霜的凜冽的清晨，也要生起熊熊的炭火。捧手看暖和和的火盆穿過廊時，那心情和這寒冷的冬晨是多麼諧和啊！只是到了中午，寒氣漸退，火盆的火炭，大多變成了一堆白灰，這未免令人有點掃興了。」自然，隨意，潛著一點任性和牢騷的女孩子氣。合了我此時知覺心境，不免歎息。

心思細膩、筆觸寧靜若此，都是記錄了她一生中最好的時光，不到十年的宮闈生活。而清少納言晚境據說是頗為黯淡的。她出宮後嫁給了攝津守藤原棟世，生有一個女兒，女兒名叫「小馬命婦」，大約也不過是供職宮中「弼馬溫」一樣遭人鄙薄的小女官吧。這樣也不錯，一向湘雲也似胸襟浩蕩的她才不在乎。然而……也如湘雲命運，還算可心的夫君棟世很快去世了。她重新回到京都來，落拓之至，寄寓在兄長家裡，而後再嫁，再離（《古事談》裡所記其「買駿骨」，似乎就是那時的事）……這個曠達、可愛到可以和前夫稱兄道弟的大才女，以至於終至漸變成一葉飄萍，孤獨一人，生計維艱，削髮為尼，不知所終。她，會不會在窄窄、仄仄如浮沉扁舟的小床上、在輕輕咳嗽著的夜深處，忽然夢到少年時期的事情？那些讓筆端生出花兒來的、「很有意思」的事情？

唉，從古到今，天下才女們總是不如意的多。

這些驚人相似的塵世裡的花朵，是那麼爛漫迫人，沁香可嚼，濃稠好吃，回味間帶了十分好的清苦之氣，不覺間有了微微的醉意。那些在水一方的女子們，那些略略有了些美好的潔癖、如川端康成所說「連要洗的衣服也都要疊整齊」、「她的腳趾彎大概也是乾淨的」、「宛如透

明的蠶蛹把自己裹入潔淨的絲蠶裡去」......的女子們啊，是我的姐妹。

而趣味十足叫人不禁微笑的，我還喜歡又公主又頑主的更級日記，又少婦又少女的紫式部日記......這些語言或持重安穩，或教人開心（教人哈哈樂了「開心」的倒未必呢——或者說絕不是笑話尤其是葷笑話才教人真正開心對吧）的果子是那麼飽滿，讀來不免似聞炸開的鞭炮，把一切不快爆飛。在暗夜裡讀得歡氣，好像偷得的幸福，而特別幸福。

當然，還有很多時候，它們或憨態可掬，或節制冷冽，不一而足，但都給人打量和思索的快感，那味道在舌尖奔來突去，妙處難與君說。

她們的生活與愛（其實，她們的愛就是她們的生活）多麼清潔。這些寫作的女子其時大都在25到30歲左右吧？而我一直認為，這個年齡段的女子的生命才是最有味道的花朵，因為她剛剛學會盛開。我被豬油蒙了心、目腫筋浮、點燈熬油同時寫四個專欄那些年裡，翻過玄學大師林清玄《生命的化妝》一書，他說到女人化妝有三層。其中第二層的化妝是改變體質，讓一個人改變生活方式，睡眠充足，注意運動和營養，這樣她的皮膚改善、精神充足；第三層的化妝是改變氣質，多讀書、多欣賞藝術、多思考，心地寧靜良善。因為獨特的氣質與修養才是女人永遠美麗、「耐看」的根本所在。因此，讀著這些舊書，時時驚豔便不是偶然了。我覺得，這些書既遠離銅臭脂粉，又美如暗夜，攜眾多優秀女子於一身，集中了女性的菁華，她們以女性特有的方式，或者權力，表達出女性特有的稟賦和氣質。不管她們如何被負、離婚、喪夫、失女......這種表述總是迷人的，如同她們的酒窩，使她們尤其出塵和可人。

當然，最讓我舒服的，是寫作者們的語氣。她們用女性講述的方式感染讀者，時常注意到了讀者的存在。這種講述也意味著她們願意與人分享其作為女性的經驗。她們不是現今那種熱衷裸露自己內衣細節的「小資」或「中產（呵呵，人一旦被擁有的資本多寡而分門別類，也便寡淡至極）」，在表現自我與表達自我之間，她們不約而同選擇了後

者，這樣的講述坦誠、直率、耿介、潔白，如同日月的起和落，風和雨一直的下和收斂，那麼自然，順從，甚至素樸到笨拙。可它散發著天堂和人間的氣息，引著人飛昇。

三

這些大都身為日本貴族後裔、活得一塌糊塗、最後又大都出了家、然而身心集美的女子，讓我極為自然而深刻地聯想到中國生在鄉間、一門心思安心活著、殊途同歸的那一群：年齡相仿的女人在夏日午後的濃密的樹蔭下，旁邊有口水井，有娃娃丟塊石子進去，聽得悶悶的「咕咚」一聲，那娃娃的娘便輕聲喝斥了他。他白了母親一眼，一溜煙地跑掉，去到那香氣如陣的田野，而那些母親或姐姐們，她們邊做針黹女紅——哦，有的擰著玉米棒子——的活計邊聊天，切切雜雜的耳語中，活計在手中「茲拉」、「茲拉」響著，夾著鈴子一樣的笑聲隱約傳送，忘記了時間——那是講述者與分享者的聚會，開闊遼遠，明淨疏朗，她們共了彼此的快樂，分擔對方的憂煩。這中間包含著大水一樣安靜地漫溢著的、溫柔、纏綿、清澈、細密的、女子和女子、人和人的悄悄話：精神、道德、理想、自然、愛情、夢想......需要你附耳過來。

這真使我嚮往。

星星點燈

——讀書筆記之二：童說童話

時間順流而下到歲末這一節，情形就像火車在山谷裡穿行，只有有村莊、樹木、河流什麼的參照物，我們才會真切地感受到速度——其實，聖誕也無非是這麼一個參照物。兜兜轉轉的生命「喊哩哐當」、

「喊哩哐當」地不歇運行，缺了參照物，日子還不得像過得年深月久啥都不在乎了的老女人，一臉的風霜不說，連打扮的心都去了大半？

因此，很喜歡聖誕它帶著一身光輝安靜地降臨，讓我們昏昏欲睡的行程裡能打個機靈兒提提神兒。它本身就是一個童話。

唔，它還是一個時刻，在這時刻裡我們被牽引，使我們最貼近自己殘缺的能力和無助的靈魂。而且，你知道，很多時候我們「記吃不記打」，很多時候我們「記打不記吃」，而生活對我們總歸要打，我們也總歸要吃，在「喊哩哐當」的悶槌暴揍裡，能有個「叮叮噹噹」鈴聲悅耳的聖誕，讓我們徹底回歸「記吃不記打」的忘我狀態，這未嘗不是生之為人的一份濃福。

而假如我們是上帝，看著這個世界，是不是覺得很有趣？會否思考：人類和動物，到底有多少區別？智慧和禽獸之間，究竟有沒有過渡的物種？在淡藍色的水球上的我們，每個人都孤獨著，或驕傲，或謙卑，就像一群犯了錯的小孩，被扔到一個房間，關起來，而我們卻也漸漸習慣了，以為自己就是這個房間的主人，不停地好奇地打量著這個房間，在房間內玩耍，偶爾也從窗戶探望......這個世界曾經逝去了多少生命？以及高貴的頭顱？每個生命都是那麼美麗，又留下了什麼？......這些問題時刻糾纏著我們，從來沒有過答案。唉，還是來跳支聖誕的曲子吧，因為生之脆弱，時世寒涼，所以，有節制、有選擇的儀式感於人是必需的——還是天真點好，幸福就只有一輩子。怎麼過都是一生。

在等待的日子裡，時間綿長得令人生厭，同時短暫得如鳥兒劃過碧天，而我們隨便一瞥，就可以瞭望到聖誕的影蹤，並接近了——我們結了伴，駕了南瓜車，向灰姑娘的12點前的光陰飛奔而去，任由路旁的每一枚葉片花朵歡鬧嘯叫著漚染著我們的胸膛。我們由此感覺到幸福。看呀！一切都是現成的，這世界從不隱瞞我們，它是那樣的簡單和純粹。就是一個瓜，我們的南瓜車，也是明明白白，感激、歡笑地來面對世界。

更叫人提神兒的是：這個節日是人人心中都有的明月（噯，明月也是一顆星星呢），它為每一個人而生：它遠離科學的利器，自然屬性無比濃郁，浩淼遼闊又幽微蘊藉。它不存一絲醜陋的驕傲、嫉妒、貪念、苦毒、不誠實和害人害己，它有希望有力量，它告訴人們要彼此相愛，它叮囑人們要虛心、捨己、美善和恩典，它講得到，也講失去……它不要求人類對它師長般的仰視，只含著清友似的默契和安慰。

與其他節日尤其不同的是：它教導犧牲，為所值得的事物所愛的人犧牲……你曉得，其他的節日乃至幾乎所有的宗教都忙忙在「要」，或者最初不是要，慢慢地，人們自然就開始了「要」：要平安要富貴要官位要長壽要愛情要多子多孫——聖誕卻要「犧牲」，它自願要犧牲，它的門徒也自願要犧牲——它是個徹頭徹尾的童話！週末去到教堂，虔誠的信徒，帶孩子瞧新鮮的閒人，無一不被它聖潔無瑕、使人心安的氛圍所濡染，連母親懷裡不懂言語的稚子都安靜得像一滴水……它不高高在上，不假裝太陽，它像身邊的父親，慈愛，溫暖，滿含著笑意，矚望你。它常常和墓地連在一起，它讓你知曉：愛原本和你在一起，最終也一樣——它一直都在。它的教義裡有這樣的句子：「玫瑰將幽怨綻放，卻刺痛了愛人的手掌；雪花將苦澀冰凍，寧放逐於徹骨的蒼涼……」嘿，簡直詩歌一樣漂亮！

你知道白鬍子，紅襪子，桃心木地板，鋼琴，烈酒，聖誕粥，烤鵝，紅菜，蘋果餡餅，帶著新鮮木香的黃黃綠綠（鵝羽的黃，春水的綠）的松樹柏樹杉樹樅樹，彩燭閃爍照亮星空、聖誕頌歌滿城響起……噯，不好意思，每每當時拍手和兒子一起大唱聖誕歌時，青氣繞眉，歡樂充沛，我都不知道自己到底幾歲。

還有那麼多、那麼多迷人的聖誕故事，它們大抵是美得不像話的童話，爛布片、織補針、銀毫子和墨水瓶也能舞蹈和訴說的童話，叫人聰明、純淨和善良的童話。在那裡面，總是有仙女給好人帶來這樣的耶誕節禮物：「細麵包、碩果和一瓶糖漿，還有一隻金鳥籠，裡面還有一隻

小黑鳥」......而那些童話的埠大抵總是如此這般：「這正是冬天。天氣是寒冷的，風是銳利的；但是屋子裡卻是舒適和溫暖的。花兒藏在屋子裡：它藏在地裡和雪下的球根裡。有一天下起雨來。雨滴滲入積雪，透進地裡，接觸到花兒的球根，同時告訴它說，上面有一個光明的世界。不久一絲又細又尖的太陽光穿過積雪，射到花兒的球根上，把它撫摸了一下......」

還有，「這是一百多年前的故事。樹林後面大湖旁邊，有一座古老的宅邸。它的周圍有一條深深的壕溝，裡面長滿蘆葦和草。在通往入口的橋邊，有一株古老的柳樹，它的枝條紛披，與蘆葦相接......」

還有，「鄉下真是非常美麗。這正是夏天！小麥是金黃的，燕麥是綠油油的。乾草在綠色的牧場上堆成堆，鸛鳥用它又長又紅的腿子在散著步，囉嗦地講著埃及話。這是它從媽媽那兒學到的一種語言。田野和牧場的周圍有些大森林，森林裡有些很深的池塘。的確，鄉間是非常美麗的，太陽光正照著一幢老式的房子，它周圍流著幾條很深的小溪。從牆角那兒一直到水裡，全蓋滿了牛蒡的大葉子......」

哦當然還有，「有一個豆莢，裡面有五粒豌豆。它們都是綠油油的，因此它們就以為整個世界都是綠油油的。事實也正是這樣！豆莢在生長，豆粒也在生長。它們按照它們在家庭裡的地位，坐成一排。太陽在外邊照著，把豆莢曬得暖洋洋的；雨把它洗得透明。這裡是既溫暖，又舒適；白天有亮，晚間黑暗......」

....

在一個寒冷得幾乎只剩下冬天的國度裡，那位七個月出生的、孱弱的安徒生先生，卻為我們捧出了那麼多麼春天似的童話（唔，即使是聖誕老人，也並不會比他更有名氣呢）。在幾十年的光陰裡，每年耶誕節，他都為我們努著力出版一本童話呀。那些童話是詩，具備詩的一切特質和美麗——當然，還有憂傷。它們陪伴我們在浮光掠影的塵世裡，一路長到大，並學會如何微笑著拭去時間殘遺在皮膚上的灰塵，用以抵

抗成長的陣痛，使我們相信：一切都會隨時間像水一樣地流淌過去，我們現在所面臨的任何事情都不一定是最終的結局，而在過程裡，我們要做、能做的，只是清醒地細微記得關於雲朵、光線、田野中的閃電、路邊的野花、廣場的焰火、雨水、雪地、美好、疼痛以及消失......就足夠了。它們讓我們幸福。

童話使人人平等，人和物平等，而讀童話和不讀童話，使得這一群人和那一群人有了區別，使不同的族群有了區別。這真是件奇妙的事。

在那些美麗得幾乎叫人睡過去的童話裡，一律有著尖頂的城堡和神祕的森林，有好心的仙女和難看的巫婆，有幾乎給大雪埋住的小屋和燒得劈劈啪啪、旺旺的壁爐，壁爐架上碼著整齊的粗實的柴禾，有好吃的薑粉肉桂粉做的小餅和黃得爛醉的胡桃和杏子......那些故事就是媽媽坐在圈椅上用柔美的聲音講出來的，而聽故事的小男孩和小女孩都偎在她四周的地毯上，用手支著下巴，聽得出了神。給凍僵在冰面上的醜小鴨，拿著半截主人孩子扔掉的鉛筆給爺爺寫信的小男孩，與鞋匠父親一起艱難度日卻大聲歌唱的那一個和八個，搭郵車來的十二位，賣火柴的小女孩，七色鹿，雪孩子，野天鵝，錫騎兵和拇指姑娘，不倦歌唱的夜鶯和不停憂傷的王子，守塔人奧列和老橡樹的最後一個夢......哦，當然還有，那個有些笨拙執拗一根筋的、用一匹馬兒最後換了一袋爛蘋果的可愛老頭，唔，更可愛的是他的老伴，因為不計較的性情尤其是心中有純樸的愛情，她說：「今天我非得給你一個吻不可！」說完她就湊到他嘴上接了個響亮的吻......在沙沙地翻動書頁、春蠶安謐勞動一樣的夜裡，在已經比原文遜色了不知多少倍、卻依然優美得不像樣子的譯文裡，在那些明明快樂卻摻進了憂傷的故事裡，在夢一樣的講述裡，我們和植物、動物們成為兄弟，人人都變了那個小姑娘小紅帽，蹦蹦跳跳穿過樹林去看外婆，也許還剛巧遇得到剛剛冬眠睡醒、出得樹洞的小松鼠、肥肥的獾、偷懶的靈貓、笨拙的青蛙、聰明的螞蟻......哦，或長尾巴的大灰狼——不，不怕的，有媽媽在，好像永遠不必慌張。

上帝真的很奇妙，他創造了天性有罪的人；但是上帝也真的很恩典很慈愛，他給了我們愛，給了我們永恆的愛，給了我們童話。昔在，今在，永在的愛與他同在。在這個世界裡，我們找到了童話這個他老人家早已賜予了的福分。

當然少不了聖誕卡。記得半生收到過的最漂亮的聖誕卡是：藍天上，白雲堆裡有七個小天使在吹打著不同的樂器：打鈸的、吹號的、彈月琴的、奏七絃琴的、敲鼓的、弄笛的，還有一個拿指揮棒在指揮吶！一籃綠色的果子放在腳邊，裡面祝福的話寫的是：「May the joy and peace of Christmas be with you throughout the year......」喏，這樣的節日，比陽光更輕，比花朵更香，比雪地更潔白。

一向不喜歡嚇人的、搞怪的、單薄的「洋節」──翻開扉頁鑼鼓喧天沸反盈天、一旦扣上就鳥飛糧殘一切成空的那種，但這樣有一位慈祥的老爺爺出沒各家的和和氣氣的、宗教一樣聖潔、深邃、厚重、童話一樣乾淨、輕盈、透明的節日，不可思議又無可置疑的節日，想不喜歡都不可能。

耶誕節是原諒的日子，團聚的日子，愛的日子。有聖誕，就有天空，頭頂就有一顆一顆的大星在閃爍，就不禁覺得自己還在被照看。

她像媽媽。

等待刀尖

──讀書筆記之三：天才天真

就像每個人都有一個母親一樣，茨維塔耶娃也有一個。

就像每個孩子都認為自己的母親最美麗和智慧一樣，茨維塔耶娃也這樣認為。她無比崇拜和熱愛自己的母親：「有了這樣一位母親，我就只能做一件事了：成為一名詩人。」

是的，她這一生，只做了一件事，就是：豪華地寫作，並成為一名星星——俄羅斯白銀時代以她命名了一顆星星，一顆永遠憂傷閃爍的詩人星。讓我們不得不為之著迷地仰望星空，一再地尋找。

她不可思議地融靜水深流和烈火焚燒於一身，直到最後的最後。

M•茨維塔耶娃，這顆光彩奪目的星星，她的詩歌彷彿「不合軌道的彗星」劃過俄羅斯文學的星空時，她只有十八歲。

那時節，她已經把自己囚在了詩歌之中——對於任何一個懷有詩心並秉詩心忠實寫作的人來說，詩歌不就是一間牢獄？等待這些甘願，甘願接受這牢獄之災的為詩癡狂的人。

然而，對她而言，這災難竟至滅頂，多因了她才華的蓋世——越是偉大的才子，他（她）所歷經的苦難、攻擊以及來自自己心靈的磨折也越是深重的。

茨維塔耶娃比此前此後絕大多數才子更當得起「偉大的才子」這一稱號。

她沒有「諾貝爾」文學獎或隨便什麼獎的桂冠。

她就是桂冠。

桂冠就是荊冠，誰戴誰痛，幾乎無可避免。這痛更多的是來自自己心靈的磨折——外邊投擲來的石子、番茄乃至汽油彈算什麼？去讀茨維塔耶娃，你會時常被她燙得跳了起來——不錯，即便靜水，看著沈默，手伸上去，竟也是燙的，更別說那焚燒的烈火。

何況，她更多時候，是那火。自始至終，她都是一個苦難的女人，給人叫成「禿頭歌女」、「痲瘋病人」：她嫁了人，人不是自己最喜歡的那一種，生了兩個孩子，力氣活兒從白天幹到晚上，她流浪，她的詩歌跟著她流浪——當然，她的詩歌鋪天蓋地的香氣也跟著她流浪……所以當她說出「我是手藝人——我懂得手藝」時，我讀出的是別一樣的心

痛──我是如此地愛她，以至於愴然而涕下。

看看她都幹了些什麼吧：她哪裡有什麼成長期？她也不用我們循例的思索、沈澱、整理、修訂......那些囉哩囉嗦、汙七八糟的東西，她乳臭未乾，直接提筆，並且，一提筆就是「繡口一吐，半個盛唐」的、寫得最美麗的詩人。她說「基督和上帝！我盼望著奇蹟/如今，現在，一如既往！/請讓我即可去死/整個生命只是我的一本書/我愛十字架，愛綢緞，也愛頭盔/我的靈魂呀，瞬息萬變！/你給過我童年，更給過我童話/不如給我一個死──就在十七歲......」可是她四十九歲時，已是滿頭的白髮──這讓我們低下頭來，為我們光潔的面龐而羞愧，但我們的心靈卻因她獲得了巨大的支持，而驍勇無畏，而不輕易倒下。

1941年，女詩人在極端的困境中上吊自殺──她吃不飽，愛情無著，一個孩子死掉，一個幾乎死掉，而在這樣的境遇下，莫斯科的一些作家對她仍然十分冷漠，甚至懷有敵意。回國以來她沒有住所，一直寄人籬下，她滿懷期待地向蘇聯作協領導人法捷耶夫提出住房要求，得到的答覆卻是：「一平方米也沒有」。她退而求其次，轉而打算在即將開設的作協食堂謀求一份洗碗工的工作──洗碗工，已經足夠諷刺，更諷刺的是，這一申請也遭到了作協領導的拒絕──哦，那可惡的俄羅斯作協。這幾乎成為了一個導火線，她自殺的導火線。

她身後，房東老婦人在收拾她租住小屋的遺物時連連感歎「她怎麼連一件像樣的衣服都沒有？」──這同樣讓我們羞愧到塵埃裡去──我們？除了滿屋十分像樣的衣服，沒有一件像樣的詩歌。

她光華萬丈。

她墳墓的確切位置至今無人知曉。俄羅斯史上最偉大的女詩人，她被歷史的荒草淹沒了。

但是她和里爾克熱烈到顫抖的愛和她鮮冽到不朽的詩歌一起掙扎著活了下來。兩位偉大詩人的愛情傳奇，就那麼萬里飄香。

你知道里爾克。

她愛的是一個作為詩人的里爾克，而不是一個作為人的里爾克。作為人的里爾克，他指的是那個隱居在瑞士並不斷出版著非凡著作的51歲的奧地利男人，他為人們所愛並且屬於許多人，包括女人；作為詩人的里爾克則指的是精神的里爾克，他是「詩的化身」，是「大自然的一個神奇現象」，是詩從中誕生的物，甚至就是詩本身——他是一個難以超越的詩歌大師，要超越他，意味著要「超越詩歌本身」。她不理解「自在的肉體」，不承認肉體「有任何的權利」......她熾烈地讚美他，只因熱愛。

因此，她不理會作為人的里爾克——絲毫不予理會。

她愛的是作為詩人的里爾克，或作為里爾克的詩人。

她自己呢？哦，她自己說：「不，不是女人，是靈魂！」絕望，懷想，凝眸、羞澀、愛上、狂熱......然後，一切成詩。

愛上的不僅僅是男人——不，她從來沒有愛上過任何具體的人，她愛的自然也是靈魂——一個靈魂，她愛上的哪能不是另外的靈魂？她愛俄羅斯的靈魂：「你呀，我就是斷了這隻手臂哪怕一雙，我也要嘴著墨寫在斷頭臺上：令我肝腸寸斷的土地我的驕傲啊，我的祖國......」，她愛伯洛克的靈魂，愛羅澤維奇的靈魂，愛帕斯捷爾納克的靈魂，愛阿赫瑪托娃（她也是我自小心愛的女詩人）的靈魂......她叫她「繆斯之上的繆斯」......這無私的、博大的胸懷啊，她哪裡曉得，她自己豈不就是那「繆斯之上的繆斯」？或那從天庭被貶斥到大地上受難並拯救的聖母？用詩歌絢爛搧動雙翼、俯瞰眾生的女神？

所以，沒有人斥責她或者他先前的、霍亂般蔓延、走馬燈似的類似愛戀的愛戀——你知道，那其實不是愛戀。是仁慈，詩歌的仁慈。沒有人斥責，是因為，沒有人配。甚至，沒有人配得上讚美她（他）。

然而，真正的愛戀終於還是降臨，在某個時候，他們剛好看到彼此

（謝天謝地！他們沒被錯過！），並有幸彼此抓牢衣襟。不會的，不會鬆手，直到最後一刻。像里爾克描述的：「我們觸摸雙方/用振動的雙翼/用距離觸摸對方的視覺......」

詩歌是他們之間唯一的牽繫，最堅強、無羈絆的牽繫，像東方月下老人手中的那根紅繩子。她的愛情靠出塵、意外、精神、超逸而活著，它活在語言裡，活在詩歌裡。

詩歌就是他們的愛情行動，唯一的行動。

用以形容一般人的詞彙「柏拉圖」也不能將他們的愛情概括——它太膚淺了。

能概括那無比優美和純潔的愛情的，怕只有詩歌了。

而我們曉得，詩歌既是一種不同尋常的體驗方式，又是一種不同尋常的思維方式或語言方式，而從根本上講，這一切都是一回事，就是：星子和玫瑰。

而星子和玫瑰樣高遠、聖潔的、作為一名詩人對另一名詩人的愛，而不是一個女子對一個男子的愛，讓我們曉得：原來愛情還能那樣，原來愛情，竟然還能那樣！我想里爾克那一刻是被刺穿了——正如今天的我們被當時的他們刺穿——這位冠以神名仍不為過的詩人，著實是被這樣一種呼嘯著來到的、以詩的名義凸起的愛情，刺穿了。這無以描摹的愛戀，可以具體到一隻手、一面肩、一顆心臟、一次呼吸，可以將愛的慾念淨化如斯——簡澈到兩個靈魂的胴體的緊致無間的結合。

也許，這樣神和詩一樣的化身，也只能是在神與詩的名義下，愛情點到為止？

他們的命運似乎也在極力證實著這一點：1929年8月，茨維塔耶娃和里爾克都開始考慮兩人春天見面的事情。這真的蠻奇妙——他們竟然從未謀面，而愛已燎原。但此時的里爾克已經病入膏肓，茨維塔耶娃也窮困潦倒，口袋裡沒有一分錢，會面因此被無限期地拖延。

「瑪利亞，你來看看我吧，什麼時候能來？」男詩人在瑞士夢境一樣的大湖邊咳嗽著呢喃。

「我想去，可是──等夏天吧。」女詩人在布拉格卡夫卡的「墳塋」裡呵氣般囈語。

「瑪利亞，夏天就要過去了，快來吧！」他在驕陽下的菩提樹林裡嘶喊。

「我想去，那麼想見你，甚至想住進你的身體。可是，我又被現實拖住了。等到冬天吧。」她在黑夜裡洗不完的盤子邊流淚。

冬天就要結束了。「瑪利亞！瑪利亞！」他恐懼。

「上帝呀！看我都做了些什麼！可我只能說，等到來年春天。等到春天......」她也恐懼。

......

唉唉，這些故事讓我們讀得多麼著急！

那一年啊，9月6日，不堪病痛的男詩人給女詩人發出了最後一封信，信是以一句長歎結束的：「春天？這對我來說太久遠了。快些吧！快些！......」

他們終於沒能等到見面，那一年的年終，里爾克逝世了。茨維塔耶娃為此哭了一整個白天。夜晚來臨的時候，她給里爾克寫了一封泣著血、並六翼天使張開的翅膀一樣的悼亡信，那封熱烈到趕得上他的呼吸的、著名的信，我們耳熟能詳。她說：「你先我而去......你預訂了──不是一個房間，不是一幢樓，而是整個風景。我吻你的唇？鬢角？額頭？親愛的，當然是吻你的雙唇，實在地，像吻一個活人。」

這樣不可思議的人和愛情啊，正如一片熱帶森林，潮濕，火熱，喧囂，生命力燃得劈啪作響，鋪天蓋地地染著蠱惑人心的迷幻色彩。

而一生中，她都在那樣焦灼而憂傷地等待──等待詩歌的降臨，等

待靈魂之愛的降臨，等待死亡的降臨，等待──刀尖的降臨。

沒有關係

——讀書筆記之四：愚人雨人

他說：沒有關係。

他指的是他瘋掉這件事。

他的那句話是：「為了它（藝術），我拿自己的生命去冒險；由於它，我的理智有一半崩潰了。不過，沒有關係，這都沒有關係……」

他像公路片一樣，偃月魚麗間已飛速消逝，而他的作品，卻星空一樣，百轉千回地留給了我們。還有後來那部有關他的傳記。

他一生懷揣太陽似的理想，駕駛破爛不堪的吉普車，行走大地──是的，吉普車，他的畫筆就是他的吉普車──你能指望一名有時喝喝松節油的藝術家駕駛的是什麼？寶馬麼？──他駕車走過的，全部都是風車遍野的強風地帶。在他步行的時候，他也曾當過畫商，教師，傳教士……但那都不算什麼，他的一生都應屬於藝術。他透過一幅幅令人感動的作品也並不想向你說明什麼，他只是想表達他自己……最終，他遠離了世俗，飛車駕上藝術，在他獨享的內心奔馳，想幹什麼就幹什麼，想幹多久就幹多久，隨自己的興趣做所有的事情，他住在自己的世界裡，從不停下休憩，只迷醉駕駛這一件事，沙塵和泥土飛揚起來，骯髒不堪，遮蔽了我們望見他的眼睛。於是，人們開始因了這遮蔽而看不到他的笑容，而謾說他是「瘋子」。

可我讀他的時候──這個時候，只記起福柯在他的《瘋癲與文明》序言中援引的杜斯妥也夫斯基的一句話：「人們不能用禁閉自己的鄰人來確認自己神志健全」。

而他們三個，都是我的心頭好。

他們那樣聖靈一般的大師一定不多，但必須要有，正如你我手足一般的知己一定不多、但必須要有一樣。他的價值也不僅僅在於色彩的拿捏、精細的技量和豐富的色差⋯⋯幾乎完全不在——儘管他在那些方面業已做得足夠翹楚。他的價值就是他的剩餘價值。

相對於而今煌煌都市挺拔秀麗的高樓大廈中，汽車尾氣的遍地開花而言，這種「骯髒」多麼地純潔和乾淨，清新和明亮！而我們的所謂「神志健全」又多麼地平庸和骯髒，低賤和陰暗！

是的，或許，他真的是個醫學意義上的「瘋子」，可在現實和理想之間，在高貴與瑣碎之間，在愛情與生活之間，在新鮮與厭倦之間，我們不過是終身徘徊。又何必，點得這樣清楚明白。況且，我們這樣的正常者，哪裡配照耀「瘋子」們手指縫兒裡露掉的哪怕一丁點的陽光？

他們就是陽光。

他可以用這陽光去繪出一幅幅燦爛無比的作品，譬如《星月夜》，卻不去管什麼狗屁技法；他走在了時間的前面，像通曉了一日千里的魔法，並同很少的幾個同路人，如卡夫卡，如桑塔格，像酒鬼泡在酒缸裡似的泡在了那裡，左右開弓盡情流觴，沉醉不歸——而我們，小蹄子一群，還在像變形金剛一樣，單向度、蠢笨地走路，還以為自己真的位列仙班，所向披靡⋯⋯真教人臉紅。

他著意於真實情感的再現，也就是說，他要表現的是他對事物的感受，而不是他所看到的視覺形象。他把他的作品列為同印象主義畫家的作品不同的另一類，他說：「為了更有力地表現自我，我在色彩的運用上更為隨心所欲。」其實，不僅是色彩，連透視、形體和比例也都變了形，以此來表現與世界之間的一種極度痛苦但又非常真實的關係。而這一鮮明特徵在後來成了印象派區別於其他畫派而獨立存在的根本。這是天才們的視角和方式——管他四緯、五緯空間，無視一切規定場景，在

一定意義上是一個全知者，天上地下動物植物男男女女生生死死隨意變幻，並且，最重要的——他們為了美，可以不擇手段。而我們，老實、膚淺得像個一年級小孩子。

他執著於他的理想，貌似瘋狂，卻是真正的從一而終，在人性上已經走得太遠了。他體會並展現了宇宙存在的更高能量形態，這種能量也是他自己的能量。他很幸福。而我們這一群溫和的懷疑主義者，表面正常，實則平庸，乃至庸俗。我們往往不知道自己要做什麼，自己喜歡做什麼，只是聽家長的，聽學校的，聽領導的，在社會中隨波逐流，失去方向失去個性失去理想失去愛力……我們總是把像他一樣的人當成不正常的人去嘲笑和奚落，殊不知自己雖然身子光榮地隸屬「正常」，但心靈已經極其不正常地淪為社會的奴隸，就要一輩子奴隸下去了……想來不得不面上報了，心下荒涼。

來吧，看看他在拿起畫筆之前做了些什麼？16歲開始到23歲，他都在藝術公司裡做畫商，然後就是傳教士。他的生活本過得富足、優裕。他若是樂意，這種富足、優裕的生活還可以繼續下去。他只是選擇了另一條道路。另一條忠實於自己心靈的道路。我們永遠不能說，那些選擇了自己的道路，並堅持走了下去之人的人生，是不正常的。有沒有注意到平凡的，波瀾不驚的不正常？因為習以為常，人們通常視而不見的不正常？無聲無息被時光吞沒的不正常？我們之所以不認為，或者說很少認可這樣的不正常，是因為參與的人多。譬如，大家都不扶起路邊的病人。因此，我從來沒有認為他選擇的是一條錯誤的人生道路。

他在如地獄一般的地區當傳教士時，奔走於底層民眾中間，卻被認為破壞了教會的形象而被解僱；他把嘴邊僅剩的麵包給那些同樣需要食物的礦工，把身邊幾乎所有的東西都給了礦工，自己卻病倒在床上；後來，當地因此流傳著一個關於上帝的故事；他可以受著所有人的指責去照顧一個渾身是病的妓女……哦，他是這樣生來只為了給薰衣草減葉、給玫瑰加水、並為此而痛苦或快樂著的一個「瘋子」——而我們，哪怕

為了自己的不寂寞，也要時不時的，鬧場不大不小的病蟲害，去革一下那些啞巴植物們的命。

他不會拒絕鄉人的央求，他慷慨贈送——他的畫屬於繆斯，沒有功利心才可能在世事動盪的日子裡保持靈魂的寧靜，這樣才可能得到繆斯最青眼有加的垂青：

《烏鴉飛過的麥田》(1890年7月)是他後期重要的作品，是我自己認為的、他最好的作品。我們在那裡看見了當時依舊的田園，卻沒有瘦哥哥凝神的模樣，只有他的靈魂俯瞰大地。

《彈鋼琴的瑪格麗特•加歇》(1890年6月)是他為醫生之女的創作油畫，他們在繪畫過程中默契天然地交流，單純的畫家也因此走進了女孩的夢境。

《瓦茲河畔(1890年7月)》，這幅畫在當年尤其超前意識，他描繪了水的韻律感和光線在樹叢上的動感。他們為此超出憤怒了——那些印象派的筆觸在當時的畫匠們心中無比地離經叛道——你知道，大師永遠是走在時代前端又前端的孤獨者，而腐儒們只能做成他們袍子掠過的、撲起塵埃似的憤怒者。

就像奧弗村的陽光和麥堆，以及遠處潺潺的流水，在心的畫框上佇立。他的畫作無一例外給歲月鍍上了金色，你甚至可以從中嗅到法國鄉間泥土的芬芳和生命純真的熱情。

激情是生命關照的本質，但他的畫沒有得到當時畫壇（這個名詞的最正確解釋應該是「權威」。「權威」，這勞什子！誤了多少事和國）的賞識，19世紀的法國，無論是鑑賞家還是普通民眾喜好的，還是學院派的寫實主義，他的後印象主義風格對他們而言顯然是無法接受的。面對畫匠們的說法，他沒有辯駁，我們只看見了他的微笑。

他多麼愚鈍，就那麼坐擁心靈，一貧如洗，還割掉耳朵，瘋狂不已——除非耳朵被藝術叫醒。

他是那兩人，就那麼阻塞視聽，不諳一切，還饑餓難耐，寒冷無比
——除非暖意自藝術襲來。

他像音樂中的賦格曲——曲子中，雙重對立主題的對抗競逐，哀歌
中浮現樂歌，樂歌中隱著哀歌，兩個主題，最終譜出和諧之曲，彼此不
可或缺。

當時，他困頓到了連畫畫用的紙張和顏料都成問題的地步，賣不出
畫作，幾乎走投無路，但他眼中只有大自然放肆的玄妙，和生命喧鬧的
盎然，哪有麵包？他渴望：「我相信終有一天，我有辦法在一家咖啡館
辦一次畫展」......可如今，藝術被商人占有，並肆意蹂躪，而如他一般
印象派大師的任何一張油畫，拍賣得到的錢卻足以養活整整一代的窮畫
家，拍賣槌起起落落中，隱約浮現的，都是貪婪的嘴臉，飆升的身價。
而一旦成交，藝術又被鎖入保險箱作為資本，以待更高的高價（那價格
聽上去實在堪稱天文數字）再拋......這數字和他沒有哪怕一點的關係。
藝術家被當成鈔票在花，胭脂在搽。

這是不是藝術家和藝術遭遇的、第二次的悲劇？更不可忍受的悲
劇？

那麼，他的清貧倒是他的幸運？至少清淨。

就像，藝術在今天只剩了價格？總是淒切。

他從沒想過數字的問題，就像後世有些人總想在他的畫作裡找出有
關自然科學乃至某個具體公式的影子。沒有，關於數字和公式他什麼都
沒想過，他只不過想唱歌給我們聽，用他的聲音。

當他——這個沉靜而迷醉的大師，這個熱烈而無助的孩子——當
他的作品和愛情和理想和靈魂和燃燒——向日葵，垂下枝葉覆蓋了他的
靈柩時，當他的兄弟兼兄長兼知音兼恩人兼天使——迪奧，眼中滿是淚
水送他獨行時，歷史記錄了一切，歷史也在將來某一天呼應大師的先驗
——藝術不是用來獻媚的，它是神聖的。

當我們——長大了的我們，劫持了幼年時的我們，不管不顧，愣是在單位點名打卡、扣薪開除的時間段，來在這裡，來汲取力量——我們躺在路邊的樟樹下長滿青草的斜坡上，望著遠處的田，麥子，豌豆，玉米，棉花——它們聯手並足，隨風雀躍，還大聲歌唱，震動林樾，沒有烏鴉在那兒飛，而我們卻不約而同地想到他那幅語無倫次表達著熱情、激切而安靜的《烏鴉飛過的麥田》時，我們有沒有候地被什麼迷濛了眼睛？

我們記住了，他曾說：「我的作品就是我的肉體和靈魂，為了它我甘冒失去生命和理智的危險......」

他的遺言是：「痛苦即人生。」

而他另有句名言叫做：「在思想上握你的手。」

因此，我們說，沒有關係，親愛的，這個世界怎樣了都沒有關係，哪怕祈寒掃蕩月亮地，哪怕子彈穿過玫瑰花，哪怕......我們被他們擠到了邊緣，世界的邊緣，末日的邊緣，世界末日的邊緣......但終將，世界是我們的，末日是他們的。請堅信吧。

儘管我們還記得，上上個世紀末，和他同時代並友情深厚的另一位大師高更，最後一個人跑到了大溪地——那個時代的邊緣，在徹底的孤立狀態中絕望了，縱火焚燒掉自己畫滿滿壁傑作的小屋，但我們仍不失去自信力。

因為他，他們，文森梵谷，文森梵谷們，那些兩人，呆呆地開著太陽的金車，目力如電，逡巡大地，並萬水千山伸來手臂，照拂著我們。

永遠都在。

八分之八

——讀書筆記之五：獵手獵物

他挾帶鹹鹹的海風和茁壯的青氣離開了好久，可直到如今，即便在風的上游，他動人的氣息依然如同春天第一片新葉的馨香，飛奔著撲入我們的肺腑。

他不是把自己的創作比做「冰山」嗎？並用「冰山原理」來形象地概括自己的藝術創作風格和技巧，說「我總是試圖根據冰山原理去寫它。關於顯現出來的每一部分，八分之七是在水面以下的」......既如此，我們就一起來看看他水面以下的「八分之七」——我自己感覺，他作品表面的八分之一是獵手，剩下的八分之七，都是獵物。以獵手姿態呈現的獵物實質。

他自己的生命狀態也是：八分之一的獵手，八分之七的獵物。他不是個勇敢者，儘管他是八分之八的硬漢。一直都是。

他是怎麼回事呀？瞧瞧這個我從12歲就讀得喜歡得晨昏顛倒的美國佬，寫的都是些什麼？《戰鬥者》、《殺人者》、《戰地春夢》、《午後之死》、《戰地鐘聲》、《危險夏日》......果然處處讖語！結果是：1961年7月2日清晨，他身著睡褲、浴衣，進入地下室，取出槍和一盒子彈，然後，到了門廳。他把兩發子彈裝進了那枝鑲嵌了銀子的雙筒獵槍，慢慢張開嘴巴，把槍頭塞進去，輕輕扣動了扳機......一名標準硬漢的標準動作。

時至今日，我還是喜歡他那些怪怪的、好的或壞的、可愛的小小習慣（看過他一幀寫作著的照片：亞麻布的衣衫，原木的桌子，白髮，額頭皺紋深刻，戴著可笑的圓眼鏡，歪著頭，手臂上佈滿濃重的體毛，字跡大大的，圓圓的，清清楚楚......）：他勤奮，每天清晨6點半即起（他不熬夜），聚精會神地站著（多麼可愛，又多麼幾乎獨一無二的姿態）寫作，一直寫到中午12點半，通常一次寫作不超過6小時，偶爾延長2小時；喜歡用鉛筆寫作，便於修改——有人說他寫作時一天用了20支鉛筆。他說沒這麼多，寫得最順手時一天只用了7支鉛筆（呵呵，還不

多呀）；在埋頭創作的同時，每年都要讀點莎士比亞的劇作，以及其他著名作家的巨著；此外還精心研究奧地利作曲家莫札特（我最喜歡的音樂家之一）、西班牙油畫家戈雅（我最喜歡的畫家之一）、法國現代派畫家新薩拉（我比較喜歡的畫家之一）的作品……他說，他向畫家學到的東西跟向文學家學到的東西一樣多。他十分注意學習音樂作品基調的和諧和旋律的配合，以使他的小說情景交融，韻律優美。還有，他的寫作態度極其嚴肅：每天開始寫作時，先把前一天寫的讀一遍，寫到哪兒改到哪兒。全書寫完後從頭到尾改一遍，草稿請人家打字謄清後改一遍，最後清樣出來再改一遍。他的長篇小說《戰地春夢》初稿寫了6個月，修改又花了5個月，清樣出來後還在改，最後一頁共改了39次才滿意；《戰地鐘聲》的創作花了17個月，脫稿後天天都在修改，清樣出來後，又連續修改了96個小時，沒有離開房間……這些習慣多麼親切！

總之，到了這個不老不小的年紀，人人從求異轉了趨同，而且將越來越趨於趨同——甭管找愛人或朋友，同好或榜樣。我也不例外。趨同喜悅，還不累。越來越生不起氣也累不起了。

一個以流浪為生活方式、以保衛西班牙共和國為己任並得到銀質勳章的人，一個寫過《聖經》和荷馬史詩一般沉著動人且堅硬無比、永不言敗的《老人與海》的人，一個換下童裝就長成了男人的人，他怎麼會以這種極端的方式自殺？多少年來眾說紛紜。可多麼明顯，他自己在辭世前一個月不全說了嗎：「一個人關心的是什麼？身體健康，與朋友同吃同喝，好好工作，在床上享受人生。可我啥都沾不上了。」哈！這口氣，純乎一青春期男孩的無端哀愁。

他曾在給一名少尉上的文學課上如是說：「在寫別人之前，自己先要成為一個善良和有修養的人。」少尉說：「這和寫小說有什麼相干？」他說：「這對做人至關重要，不論幹什麼事，做人永遠是第一位的。」

哦……我們幾乎因此愛上他。

就這樣，「他渴望做好事，幾乎到了聖潔的程度」，自省、自律到刻薄的地步，而對自己的作品那個改法，也是完美主義者的一個表現吧？當然，他對自己愛人們的無禮苛求也是，雖然我們不喜歡那些。他的第一任妻子在與他離婚40年之後這樣評價他：「他是那麼一種人，男的，女的，孩子和狗，都喜歡他。這可是一件不簡單的事」，他的終生追隨者奧利說，「他單純，不裝模作樣」，噢，還有，「他不但把自己的一幅標準像撒出去，而且還照著實踐了，一般地說還是幹得很成功的。」……唉，一幅「標準像」的他，累不累？再來聽聽他自己的一段話：「一艘船越過世界的盡頭，駛向未知的大海，船頭上懸掛著一面雖然飽經風雨剝蝕，卻依舊豔麗無比的旗幟，旗幟上，舞動著雲龍一般的四個字閃閃發光——超越極限！」呵呵，既然「飽經風雨剝蝕」又怎能「依舊豔麗無比」呢？我讀著他，不免無聲地笑了。當然是善意的那種。

他應該更曉得，人生來就攜帶了無奈，不是這，就是那；無論人多傑出，他都要老去，要孱弱下來，要遲鈍到無法工作，無力愛。這是他的恐懼，也是他的絕望。似乎無法逆轉。他的一生不光要求完美，還絕不認輸——無論是釣魚，還是鬥牛，無論是足球，還是文學，乃至拳擊、射擊……當然，一定還有做標準硬漢。於是，獵槍出現了。

當然，沒有誰比他更配得上那麼帥的獵槍，和同樣帥的彈孔。

那不怯場的怯場、不懦弱的懦弱啊。那些一個字一顆釘、句句對話擲地有聲、有關硬漢的偉大著作原來都是他為自己升起的不落輓旗——它們下垂著腦袋，無比沮喪，像一排被歲月這個無情老師唾沫狂飛、嚴厲訓導的一年級新生。

或者說，他一生都在做一個鐵鑄的西西弗斯，個兒高高的，英俊，肩膀寬寬，鼓著漂亮的肱二頭肌，竭力地推著那塊巨石。最後的剎那，他鬆手，被它碾成了肉泥。唉，肉泥。

樓有多高，陰影就有多長。他的一生傲岸無比，到最後，他的巨大

美譽和他的痛苦成正比例增長：他消瘦症、皮膚病、酒精中毒、視力衰退、耳力受損，他糖尿病、鐵沉積、肝炎、腎炎、高血壓；他無法正常與朋友常聚吃喝（哦，他居然還是個美食家呢）；他失眠（在他的作品中，失眠的人處處出現：《戰地春夢》中的弗瑞德里克•亨利、涅克•阿丹姆斯，《賭徒、修女和收音機》中的弗萊才先生，《雪山盟》中的哈利和《一個乾淨、明亮的地方》中的老年侍者等等，都患失眠症，害怕黑夜）；他創作力枯竭；他......他性功能障礙了。

為了這，他還曾經與談論過他性功能障礙問題的另一位不懂得尊重別人的知名作家（那頭豬！）在公開場合大打出手。他怕死了這東西。

如同《老人與海》中的老人認為打魚是他「生來注定要做的事」一樣，他則認為「除了一個人的工作之外，生命是不值分文的。」「如果不能寫作，我是活不下去的」，而身上帶了237處傷痕、一輩子驕傲矜持、注重榮譽、不屈不撓做硬漢的他，又如何接受得了人人都知道了的、可惡性功能障礙的侵擾？

當然最主要的是：創作力枯竭和性功能障礙——無法工作，無力愛，並不可逆轉。這做為一名真正作家和真正男人的絕望之箭，射巨星隕落。他在電話裡向好友傾吐心事：「我整天都站在這張該死的辦公室前，在這裡站了整整一天，我要幹的就是這麼一件事，也許只寫一句，也許，更多一點，我自己也說不準，可是，我寫不出來。一點也寫不出來，你曉得，我不行啦。」唉，坐下歇息一霎吧，這個一生好鬥的傻男孩，無法工作和性功能障礙改變不了「硬漢」的標籤和「男人」的徽徵啊，要曉得連保鮮膜都會過期的，人有一點變化多應該呵？不變化倒需要十萬火急去看醫生了——把自己的迤邐、慢慢地（是的，是慢慢地，哪裡那麼容易便一夜龍鍾？）步入老年當成再正常不過的回到童年不好嗎？這世上誰還不是這樣？哪有一個逃脫？像索忍尼辛回到他的俄羅斯，哈維爾回到他的布拉格，我們流放幾十年的「硬漢」身體也要回到它的祖國——「孩子」身體——你把它看成孩子還不就是孩子？且把

工作變彈弓，愛人成童伴，自由，坦蕩，天真，純潔，無憂無懼，看陽光下成熟的稻穀金色又金色的舞蹈，聽四處流淌的風的動聽復動聽的吟唱，享用豐足的正餐和甜點，不蠻好嗎？一樣甘美的滋味需要懂得甘美的味蕾去品味。可惜了那麼偉大的著作和那麼優秀的愛人。唉，可惜了那麼好的一程時光和它怒放的芳香。

而在最初和最深刻地射中我們的、他的《老人與海》一書中，那位老人溫柔地善待忘年小友、深情地熱愛大海，即使在最艱苦的處境裡，仍與偶在船上落腳的海鳥談話，他甚至憐憫自己的獵物，認為拖著船的大魚很饑餓——他是多麼仁慈啊！他堅信第85天能釣到大魚恰恰證明他對「信」的虔誠和敬畏；他向上帝、聖母瑪利亞許諾做祈禱而始終未做，看得出他對自身力量的倚重和自信；面對悲劇般的失敗，他既不抱怨也不沮喪，就連大睡時夢見的獅子也溫存得如同貓咪，更是明示了他浩然正大、遼闊無邊的胸懷......他並非只竭盡全力要證實自己的力量的那種無力量的人。

老人的內心反映了他、乃至我們許多人心裡的矛盾，衝突，游移和寂寞......我們終生都在尋求力量的實現，成就的到達，想從這種自我證實與他人的認同中得到滿足與快樂，可是，人是變化著的——變老變醜變笨變弱變簡單變性功能障礙，而生命如此匆促而跌宕，最終我們是否都能像老人一樣筋疲力盡、而依然在最終回到自己簡陋的小屋、面對自己、安然睡著？而平和舒展，而微微喜悅？

他從這裡，從勝利者的筋疲力盡轉身，到了失敗者的外強中乾。他從獵手做成了獵物——哦，儘管是這樣一匹可愛又招人憐惜的小矮馬。

在不甘示弱的心靈背後，我們是渺小的，也是無助的。只有我們自己才是我們的救贖。如果無法面對自己的恐慌——身體、生命、職業、精神——去發現它背後的意義，和它帶來的種種矛盾、事件和哀愁，那麼，必將在漸行漸遠的自我尋求中迷失，使生命陷於無休止的掙扎和衝突中。這是不夠智慧的。

讀他，就像在讀一個寂寞又頑強、最後不知何去何從的自己，這是一種非常迷惘的狀態，而我們不該只是在自己的意識或思想裡，和任何由意識或思想驅動的行動中尋找答案，因為這一切都來自經驗的限制，而尋求自我表達的慾望是無休止的，生命卻是有限的，這種循環往復是耗人的，也是異常可惜的。

所以，就像我們越來越明白：閱讀那些最近出版的速食文字，在今天已成為一件冒險的事，因為我們無法確定自己有限的光陰是不是正消耗在一部垃圾上，對於自己似乎陡然的老去和紮紮實實的微妙變化的無意義的驚惶、恐慌、痛苦和自我折磨，卻注定是一件差勁的事，因為我們完全確定自己有限的光陰正消耗在一部垃圾上。

請我們——所有的，包括我們寫作的人，試著安靜地接受，接受一切，（如果可以足夠壽高）人人都將遇到的一切，並面對自己，面對轉不動腦筋、拿不動筆；面對轉不動筷子、聽不清話；乃至轉不動眼珠、看不見你......面對好的尤其是壞的變化，才是唯一正確的路徑。生命本無比孤單，沒有人可以陪伴自己一生，每一個都是獨自行路——行此岸的路，和上路——上彼岸的路。當我們不再固執地尋找自我，少了苛責強求和灰心失望，而能真實地去體驗自己的變化與其背後蘊藏的無盡的美，並在體驗中解脫，愛會降臨，平靜會降臨，懊惱、不安和恐懼會遁去，生命的意義將有所不同。

他的八分之一不斷地陳述自己，解釋自己，告誡自己，勉勵自己，以「吹牛」、「撒野」、鍛鍊肌肉、攻擊、戀愛、寫作......的方式自卑著，恐懼著，侃侃而樂著，通體發散出春風馨香干雲天的生髮水味道；他的八分之七卻始終在反映一個真相——一種生命的孤獨感，和任何一種形式的自我實現的逃避行為最終的徒然。他的聲音重金屬著，亢麗微末著，切切而悲著，不覺透了秋風似的殺伐之氣。這個八分之七的結末的句號就是那個槍眼......我們不要槍眼。要一個太陽吧。像他最傑出的長篇之一的名字：《太陽照常升起》（臺譯：妾似朝陽又照君）。

唔，既然說到了他的第一部重要作品，那麼不妨翻翻其中情節：它講述了一個典型的「迷惘的一代」的故事：一對青年男女彼此傾心愛慕卻始終無法走到一起，最後，兩人在漫長的分別和漂泊後終於重逢。在計程車上，即將啟動的一剎那，女孩的身體向後一仰，頭靠在了男孩的肩上。這時，她說：「我們要是能在一起該有多好！」男孩像勸解愛人又像自語：「這麼想想不也挺好嗎？……」

　　唉，我喜歡自己的這個轉喻。很多時候，很多事情，這麼或那麼想想，也就已經挺好。我們因此會獲取幫助。

　　我們是自己心靈的承載者，和能量的保有者，如果沒有順應，沒有和樂，沒有從容不迫，那麼，任何一種不同類型的自我都將導致悲劇的發生。要記得，在這漫長而短暫的歲月的河流裡，一切漂流都微不足道。我們的問題不是如何在漩渦或激流裡驚恐、惶惑、傷痛、不安時尋求慰藉，而是如何在大浪襲來之前，在身體或生命變化的第一天開始，就著手重塑一個新的靈魂，去對付一個新的身體和新的生命。面對自己的真相，明白自己真實的存在和需要，如此，將不致迷失，看見在一切絕望（如：釣不動的魚，如：愛不起的愛）背後的、仍在的無盡玄妙和美感，繼續造就潔白而燦爛的生命。

　　我們都那麼喜歡海，就請我們做成海，像赤子一樣心底無私，暢達無礙，像老人一樣鎮定吐納，隨廓成形，永遠保持海樣的純真和優雅。無論如何，永遠保持。

　　生命哪裡是什麼生物年輪特徵？它根本就是純粹的精神世界。

　　我們擁有八分之八的世界，它有好多驚奇和美麗帶給我們，直到最後的最後，也是如此。

　　這是一個值得來的世界。

善惡之花

——讀書筆記之六：塑人塑我

文學究竟是一種什麼樣的事物？可以腐朽，當然，更可以神奇。作為一種錢幣去換米換面，就腐朽；作為一種迷藥去欲仙欲死，就神奇。

雨果隸屬那種迷藥。

往事如風，吹面不寒。讀敬愛的雨果雖然早（7、8歲吧，和親愛的安徒生摻和著讀），但到《悲慘世界》等有數的幾部幾乎就到頭了，除了根據前言引導，無比憎惡「萬惡的資本主義」，能記得住的，就只有一個美到極點的愛斯梅拉達和一個醜到極點的敲鐘人加西莫多，還有那段驚心動魄的情節：從絞刑架上解下來的愛斯梅拉達的屍體，被人們放在蒙孚貢大墳窟裡，加西莫多找到她之後，靜靜地躺在她身旁。兩年之後，人們發現了兩具緊緊抱在一起的屍骨。試圖分開他們時，屍骨便登時化為塵土……讀到害怕。比福爾摩斯的《紅字》插圖都駭人！為此，夏天睡覺都要毛巾被蒙頭悶一身的汗。

再大些，在中學讀書時讀放冷了的雨果，開始懂得反省和觀照，曉得了要人性命和救人性命的，除了愛情，還有人性。而人性中最重要的一部分，就是人的本真所代表的那一部分。

讀到最後，在當下（呵呵，三季稻嗎？晚熟到這樣），為了生活狗苟蠅營的時刻，讓人不禁泣哭的卻是《九三年》，他最後的作品——在他自己的心目中，《九三年》分量很重，他不肯輕易動筆，因而醞釀的時間有十多年之久，在寫作之前他做了盡可能多的案頭工作，放下身段瞭解當時的歷史背景和人物原型。他孤獨地咀嚼一切，恨不得用上了四個胃，為冬季般艱苦的勞作儲備脂肪，積攢熱量。他在致友人的信中給自己不足的信心打氣：「天主會給我生命和力量，完成我的敵人稱之為龐大得出奇的巨大計畫嗎？我年邁了一點，不能移動這些大山，而且是多麼高聳的大山啊！《九三年》就是這樣一座大山！」

我讀書有癖：書是謹慎、含蓄地寫作的，就謹慎、含蓄地閱讀。反

之相反。賓主皆用心，筵宴才完滿。閱讀其實是和作者互動的大事情——他（她）用了多少汁血氣力，你也一樣——按他（她）所用多少的正或反比例，遞增或遞減。你作不得自己的主，被他（她）股掌盡握。

謝天謝地，大師到底是安泰一樣的人物，不負我輩深夜苦讀——人性大書《九三年》沒有讓我們失望——儘管而今的我們已經對人性的復甦有些失望了：希望遲遲不來，苦死了等它的人。然而人性是如此貼近人類，即便是比照遙遠如巴黎革命，那樣一個對於我們來說有著如夢裡聽明亮槍聲和雷暴的風聲鶴唳的時代，人和人的希望與失望依然是如此相似，也總需要有光明的存在照徹心靈，這三寸柔軟之地。

最初讀雨果的時間，要知道那是一個不可思議的時代，物質侷促，精神亢奮，人心思定，百廢待興，一切都要和今天反著看。任何在今天覺得膚淺可笑的東西，在那時必然散發特異美麗的光彩，一切在那時稀鬆平常的事物，在今天又往往會給人一種不可思索的感覺。也許這就是時光的意義？

而雨果的那個時代，或者說雨果所寫的、比他稍前的那個時代，那個啟蒙主義時代，是一個激情的時代，英雄主義的時代，因此便有了法國大革命和美國獨立戰爭的勝利。現在的中國跟明末一樣，在經濟上是一個蓬蓬勃勃的時代，在信仰上是一個個性紛紜而群龍無首的時代，在身心上是一個因為物質外化而精神創傷多多的時代......我們熱情耗盡，活得沒有了力氣。重要的是，沒有什麼英雄了，一個浮誇的年代絕不樂意崇拜真正的英雄。偽英雄們既不想、也不耐煩做真正的英雄，而更願意擺出英雄的姿態——只要擺出那樣的造型、面露那樣的表情就行，完全不需要真的捨身取義。事實上，這樣的展品反倒更容易受到崇拜。因為從造型上看去，它們是如此優美，如此令人沉迷，還如此的安全。

完全不同了。在今天覺得膚淺可笑、在那時散發特異美麗的光彩的東西，就有死不掉的人性這一項。

人性到底是種什麼樣的東西呢？別林斯基說：「我們會成為木匠，會成為鉗工，會成為工廠主，但會不會成為一個人還是個問題。」唔，原來做一個人的標準還是蠻高的，而人性要收斂了鋒芒，退守到內心，再透過長時間對人生、生命的反省、革新、揚棄，在浸泡、錘擊、淬煉中才稍有成長或轉化的可能。人性是要一點一滴地塑造的。我們都是塑造自己人性的工匠，我們也都是塑造別人人性的工匠。

　　譴責戰爭，反對暴力；平等博愛，人性高於一切，並堅持以愛制惡。這是貫徹雨果一生的思想，也是這位藝術「大工匠」的畢生理想和不絕幻想。發現在我們中國，有孟子的「仁義禮智」說，四種為人的德行，與之大致對應。對著讀，別有一番滋味在心頭。

　　在雨果眼裡，戰爭是對人性的無情摧殘，革命是為了解放人性。而人性，就是高於一切的意旨。就是正義，就是真理，就是純潔。在開闊深邃的《九三年》中，罪惡的魔鬼朗德納克最後被人性所征服，毅然放棄畢生為之奮鬥的君主王朝，乃至自己的生命，在火中救出了三個孩子。革命首領戈萬被這種偉大的人性而撼動，為了保護朗德納克的這種人性而釋放了他。他認為革命的最終目的就是人性，而革命領袖西莫爾丹卻不得不對戈萬進行審判和實行了絞刑，最後西莫爾丹在對戈萬實行絞刑的同時，自己也開槍自殺。

　　這一大段如此駁雜，彷彿從小說中長出腿腳，自己狂奔而至，讀來卻像抒情詩。由此，還殘存在我們心中的那種光亮，透過它們鳥瞰式的觀照又一次地透射出來。

　　哦，多麼想照抄幾百字過來，和著他冷抒情的慢調子，藉著牢牢牽制在大師手心裡的節奏、氣氛、悠長綿密的文氣，以及他無雙的語言，剝開他心中的宇宙，窺見黑洞，看愛如何制惡，又如何洞穿我們的心腸：

　　「……侯爵手裡拿著一根粗大的鑰匙，他用一瞥高傲的眼光，使他面前的幾個工兵讓開路來。他一直朝著鐵門走去，在拱門下彎下身子，

把鑰匙塞進鎖裡。那鎖軋軋地響了一陣，鐵門打開了，裡面使一個火坑。侯爵走了進去。

他是用堅定的步伐，昂著頭走進去的。

大家目瞪口呆地望著他，都為他捏著一把冷汗。

侯爵剛在火坑裡走了幾步，他後面的地板由於底下被火燒，上面受他身體的重壓，忽然坍塌下去，在他和鐵門之間造成了一個深淵。侯爵頭也不回地繼續前進。他在濃煙中消失了。

……

確實，都得救了，但老人還在裡面。

但誰也沒有想到他，他本人多半也沒有想到自己。

他在窗前呆了幾分鐘，若有所思，彷彿在給大火一點時間來決定去留。接著他便不慌不忙地、慢慢地、高傲地跨過窗欄。他沒有回頭望一望，就挺直身子，背靠著梯級。在前面是深淵、背後是大火的情形下，一聲不響地走下梯子，好像一個威嚴的幽靈。梯上的士兵都趕緊下來，在場的人都不寒而慄，環繞著這個自天而降的老人，產生了一種讓人萎縮地神聖的恐懼。侯爵正莊嚴地走進他眼前的黑暗中。他們在後退，而他卻在靠近。他那大理石一般蒼白的面容上沒有一絲皺痕，幽靈般的眼神裡沒有一絲閃光。人們在黑暗裡驚恐地盯著他。他每走近一步，就似乎又高大一分，梯子在他死亡的腳步下顫抖，發出響聲，彷彿是騎士的石像再次進入墳墓。

當侯爵走下最後一個梯級，踩上地面時，一隻手抓住了他的衣領。他轉過身來。

『我逮捕你。』西莫爾丹說。

『我准許你逮捕我。』朗特納克說。」

……

111

這一切，都是為了什麼？我們原本睡著，卻在他的舌尖上醒轉來，朦朧著眼睛，貼著字縫，呼吸著文字的內部氣息，撲撲心跳，氣血上湧，不禁喃喃發問。

——人性。人性高於一切，也是人性的最後勝利。人性讓我們活得有起伏，沒擔心。人性的種子，都是我們心底埋藏最深的美好希望，並不可以被權力財力什麼亂七八糟的東西所湮滅。然而深埋於心的種子，要花費我們多少的勇氣和力量才能破土發芽，插成一畝一畝的田？

「推翻城堡，正是為了解放人性。取締封建，正是為了建立家庭。」「革命是人民掌權，而人民，歸根到底，就是人。」這就是雨果「在絕對正確的革命之上，還有一個絕對正確的人道主義」的最高詮釋，是他對革命和人性兩者關係的最高詮釋。至此，雨果在他人生最後一部偉大史詩中完成了他一生解放人性的偉大思想。

在這個思想基礎上，雨果構建了他理想的「自由、平等、博愛」的人道主義社會，「比大自然更偉大的社會」，「再沒有賤民，再沒有奴隸，再沒有苦役犯，再沒有受苦人！我希望人的每一個屬性都是文明的象徵、進步的模式。我主張思想上的自由、心靈上的平等、靈魂上的博愛。」從而使他的人道主義從理論思想上升為社會理想和理想社會——唉，它是如此之遠，遠得好像在世界盡頭的另一個地方，好像在外星人那裡。

你願意把雨果看成浪漫主義領袖可以，願意劃他是左派作家一分子也不是不行——他寫詩哀悼那些在「七月革命」巷戰中犧牲的英雄，在流放期間還一直堅持對拿破崙三世的鬥爭，對中國所遭遇的不義戰爭表示不可遏制的憤怒……但還是最好把他歸到浪漫主義那一邊吧，他值得——且不論他濃烈鮮香的講述，詩意盎然的描寫，單看他琢石為刀一生都砍砍殺殺、為理想而奮鬥而呼號而奔走已經夠了；縱然「左派」，他也贏得了一個作家所能贏得的最大光榮：他逝世時，200萬巴黎人民上街，參與盛況空前的國葬。他們高呼「雨果萬歲！」淚水淹沒了街巷，

而他，一騎絕塵，獲得了靜靜的休息。

　　當然，雨果當然受得起這樣最豐沛的淚水，和那最安寧的休息。他那人本身就是一團火焰，密不透風的激情支持著的、恨不得省略一切細節、直奔人性主題的火焰，外焰跳脫，芯子紮實，可以烤化和席捲一切。他的德行高於他的藝術（儘管他的藝術也已經高到極致），更主要的是他不皺眉頭不遁逃，並溫柔四方，兄弟天下──對於一名作家和男人而言，這可真棒。

　　至此，不得不提一下夏多布里昂那個人。他在《墓畔回憶錄》裡說：「德•勞耐（巴士底獄典獄長之子）在遭到百般羞辱之後，被從藏身之處拉了出來，然後打死在市政廳的臺階上；巴黎市長福萊塞爾被手槍打碎了腦袋：沒有心肝的傻瓜們覺得如此之美的正是這種景象。」而在1792年8月，杜伊勒裡宮的守衛者，由宮廷任命的國民自衛軍的司令，在經過審問之後，依然在市政廳的臺階上，被槍決了。夏多布里昂用「暴亂」來稱呼革命，他用嘲諷的語言說：「快樂的醉鬼在小酒館裡被宣布為征服者；妓女和無套褲黨開始統治，並且追隨他們。」但他同時又說：「粗暴的憤怒造成廢墟，然而在這憤怒之下隱藏著智慧，他在廢墟中打下新建築的基礎。」

　　之所以提夏多布里昂，是因為他是雨果的偶像。少年雨果的理想便是：要嘛是夏多布里昂，要嘛什麼都不是。他的確深刻影響了雨果，使他也同樣憎恨暴力，但顯然，雨果比他的偶像更願意同情「暴民」，這是一個矛盾：不應該有暴力，不應該有斷頭臺，但是又怎能禁止暴力，又怎能不期許這種暴力所奠定下的新建築的地基？

　　矛盾往往使人看起來虛偽，招來置疑。這簡直是宿命。馬克思就是這樣諷刺夏多布里昂的：「如果說這個人在法國這樣有名，那只是因為他在各方面都是法國式虛榮的最典型的化身，這種虛榮不是穿著18世紀輕佻的服裝，而是換上了浪漫的外衣，用新創的辭藻來加以炫耀；虛偽的深奧，拜占庭式的誇張，感情的買弄，色彩的變換，文字雕琢，矯揉

造作，妄自尊大，總之，無論在形式上或在內容上，都是前所未有的謊言的大雜燴。」喏，瞧瞧，就連「左派」對「左派」也有著不理解和不調和，遑論右派和逍遙派？

還是說，如果你願意，這種語鋒凌厲的批評多少也可以加在雨果的身上。世界原本就適用於多分法，崇高和理想這種事物，從中到西一直高處不勝寒，更兼古來聖賢皆寂寞，哪裡存在過整齊劃一的意志？誤解和一定程度上的詆毀本來就是人不甚盛美的德行之一種。因此，哪怕被傷害，還是平和地接受類似的評介為好。這是不是也是老子「以德報怨」、孔子「以直報怨」的論點之於雨果的「以愛制惡」的另一版本？

版本有限，而人心無限，也只有在用心去品味大師們的時候，才有可能最大程度地去接近那個無限。

所以，不急，有了心思你慢慢來。只要胸中揣了一個相信，就總有光明如晝，等在那頭，「那個無限」那裡。

不由想起看過的某部影片中的一段：女孩打開門時發現一個持刀男子正惡狠狠地看著她。女孩靈機一動，微笑著說：「朋友，你真會開玩笑，是推銷刀具的吧？我喜歡這款式，買一把吧。」她邊說邊讓男人進屋，女孩接著說：「你很像我過去的一位好心鄰居，看到你真叫人高興……你想要咖啡還是茶？」聽著這樣溫柔體貼的問話，本來滿臉殺氣的男人靦腆起來，他有點結巴地說：「噢……我說……謝謝你，小姐……」

最後，女孩真的買下了那把明晃晃的刀。男人拿起錢，遲疑一會兒說：「小姐，您將改變我的一生，謝謝！」言畢轉身，大步走了。

故事戛然而止，像一個溫暖的寒噤，一個差點血淚迸濺了的童話。

女孩用她的方式施予了暴徒愛——也許他從來沒有得到或體味過的愛。

人性之美竟是如此震撼地凸顯出來。她高貴若此！竟至可以祛除我

們不可避免的生命恐懼。

這個小故事配得上作《九三年》「以愛制惡」思想大書的絕美注腳。

人一向自然地分為兩類，一類是靠近動物的人，一類是靠近人的人。就如上文剛剛提過的暴徒與女孩。可悲的是不少人樂於並只能做前者。這種人據說越來越多了——剛剛我在某入口網站的讀書頻道瞥見一個推薦文章「怎樣將內衣模特兒的身體看清」，不免作嘔。唔，總要有點區別吧？親愛的同行？

我們是不是須像雨果所信仰的那樣，「以愛制惡」——以愛箝制惡，以愛制服惡，或者乾脆說，以愛制愛——以愛複製愛，以愛製造愛，才可以稍微抵達人性的本真？人不能沒有愛，還必須時時感到被愛，被需要，被照拂……如此，才構成愛的本質涵義。擁有了這種意義的愛，一個人就擁有了完整的生命，也賦予了生命更高品質的意義。似乎每個可堪稱人的人，在生命過程中都應不遺餘力地創造、尋找這種愛，希冀給予愛……唉，愛的定律原來簡單而又艱難。愛原來是做人的一項義務，人性裡的不可或缺。

這也映照了雨果的另一句名言：「在王權之上，革命之上，人世的一切問題之上，還有人心的無限仁慈。」這人心的無限仁慈蘊藉了無限大的力量。

許多人性的東西就是在這樣、那樣極度柔軟、卻有著堅硬外殼的故事中蘊含著，無須閃耀即動人魂魄：也許它看起來不會太完美：人物有點單一、兩分，甚至情節還似乎有點偏頗和虛假，難免神話，難免「烏托邦」，有時也被人忽略和詬病。但它卻出現得那麼及時和果敢，生產出一種不容置疑的動人物質，伸手過來，拉我們一把。尤其是當我們須像提防狼一樣提防人、人類最迷人的品質——愛與善、誠實與正義、施予與付出越來越容易變成一種簡單僵化的呆板說教和笑掉門牙的時代笑話時，雨果講述的故事和獨特的講述方式特別讓人難忘和唏噓了。

雨果作品中的反常之處，也恰恰是最人性之處。他用它們隔絕了我們，也用它們維護著秩序，勾勒著威儀。現在，有人誤以為它們對我們的審美自由進行了扼殺。其實呢，是我們的審美力乃至道德力（這個片語是我自個兒造的，但大致都能明白是怎麼一回事）出現了問題。我們於此已相當陌生。儘管我們不揣愚騖，深情嚮往，但究竟看慣萬千皮相，聽過無數浮誇虛假的言辭，熱情早逝，心懷已冷，以為人間把戲不過是機關算盡，是你死我活，它最終只謀利益，無關道德，更談不到人性。

　　就這樣，我們的精神谷地以史上最粗糙的形式出現，理想埋在土裡，並無端地散佚了芬芳。

　　我們糟糠自饜，面皮黑黃，低眉行在路上，快要倒臥。以至辛苦到不行，有的遠親紅著臉做了掮客和鄉愿。就連我們，起步之初立下軍令狀、一不小心就住在了一句誓言裡的我們，偶或也起意背叛——物質的狗一直直著聲兒狂吠，追撕你我的褲腳。唉，如果，如果沒有那紙軍令狀劍柄樣高懸頭頂，也許我們墮落得比人家更深。

　　於是你我只有回頭讀讀經典，稍稍傾慕一下法國大革命時期毫無包庇的、那雨中的聖果，一輪紅、傲霜枝的聖果，來望梅止渴。

　　當然，我更願意相信：他密不透風的、一切的激情，緣自他誠實和純潔的、辛苦工匠般的勞動，緣自他充盈熱愛的花朵的、嬰兒一樣的眼睛，光輝斜照，祛我暗黑。

　　夕陽十里，西風一葉。唉，到底是斜照——太斜了，怕一會兒還會落了下去，夜晚占領所有高地。黑便黑著，冷卻要如何抵擋？

　　雨果往矣，來者為誰？

詩人或狗

——讀書筆記之七：恥前恥後

前天，莎士比亞卸妝走了；昨天，粉墨登場的卻是庫切；今天，他仍在加演。

庫切的小品：《昨天、今天和明天——關於恥辱的訪談》，溫靜，向內，面對臺下的虛空，如我們的內心來拜訪我們。

哭了笑了，寓言式，魔幻手法，獨白式，自傳體......他之前的每一大劇面貌也都各各不同。

是的，這個把自己的一切作品統統鼓搗成劇本的人，輪番地給我們上演了一場場好戲：《伊莉莎白·科斯特洛：八堂課》、《聖彼得堡的大師》、《等待野蠻人》、《青春》、《屈辱》......哦，就在這最後謝幕的當兒，老先生諾貝爾著實按捺不住喜悅，山重水複地從史上次轉頭來，風度翩翩上臺為他頒了全世界文人望得眼酸的那個獎項，並把花束投擲給我們，成為我們尋覓到心愛者的祝福與恩物。

掌聲如潮。

他當得起。

我們不妨回頭倒帶，來一起看這個偉大的「小品」。

它之所以可以看作「小品」，是因為它只有十五、六萬字的容量；之所以說它偉大，是因為它類似白描、極具欺騙性的簡單面目下面，藏著的是一顆多思、沈鬱、不知所措的心。

默住口，在心裡撚，那些臺詞——那樣十分經典、朗朗上口的臺詞在小說裡比比皆是：被侮辱的露茜給父親盧里寫了一封信，在裡面她說出了自己留下的原因：「是的，我正在走的路也許的確是危險叢生，可如果我現在就離開農場，我就是吃了敗仗，就會一輩子品嚐這失敗的滋味。」

唔，忍不住出聲兒，舌尖上來去，仔細品味，這一句不起眼的句子

完全可以和莎翁筆下伊底帕斯、李爾王的臺詞相比美。以一生的恐懼和恥辱為代價，換取作為一個人的成例。相對於國家榮譽、種族歧視等等龐大的字眼來說，露茜的留下是個人的，恥辱的——正因為是個人的，是恥辱的，才是美學的，也才是了不起的——放眼去，但凡有「小我」在、有陰柔氣息在、更或有輓歌氣質在的物質，莫不漫溢詩意。她螳臂擋車。

至此，如此弔詭、貌似荒唐的一個故事就起了荒涼。讓我們不由得想到我們個人的恥辱種種：激情的喪失、親人的死亡、生存之重負、責任之辛勞......恥辱直指人心，以銳角呈現。

而最錐心的說話出現在那裡和那裡，在關於「狗」，這個整部小說的象徵意像那裡：

「這些人物的退出使他充滿絕望，而從更廣的範圍上看，這是一種灰色的、平凡無稽的絕望，像人的一陣頭痛。」

......

「這多讓人丟臉！」他開口說道，「那麼高的心氣兒，到頭來卻落到這個地步。」

「不錯，我同意。是很丟臉。但這也許是新的起點。也許這就是我該學著接受的東西。從起點開始，從一無所有開始。不是從『一無所有，但是......』開始，而是真正的一無所有。沒有辦法，沒有武器，沒有財產，沒有權利，沒有尊嚴。」

「像狗一樣。」

「對，像狗一樣。」

......

露茜和盧里將像狗一樣活下去，而施暴者像狗一樣將在未來的日子裡繼續發洩「私憤」：

「他們互相鼓勵。也許這就是他們一起幹的原因。像一群狗。」

「那第三個呢？那個孩子？」

「他在那裡學著幹。」

......

天，這樣的句子，字字血肉飛迸。

照這樣子，橫著豎著，斷句斷字，抑揚頓挫，裝貓變狗......採藥一樣踏遍名字叫做《恥》的青山採去吧，怎麼採怎麼嗅怎麼感傷臺詞味道，莎翁遺風。

喏，如上，從偉大肌體採了三處血樣，處處有狗——而小說還用了大量篇幅描述了主人翁盧里在一個動物醫療所殺狗的細節，同時，露茜的農場也經營替人看護狗的業務。狗是這部小說的一個像徵。當然，人也是。它從頭至尾、迴環複遝都在咕噥著一個字眼：人性、人性、人性、人性......哪能被粗暴地解讀？它哪裡挨著了什麼種族主義和殖民主義的邊兒（他連人物膚色都刻意模糊掉）？就像《紅樓夢》和反清復明、宮廷鬥爭乃至抨擊萬惡的封建社會毫無關係一樣。文學就是文學，不是志乘，不是批判書，不是庭審記錄，不是大會總結，不是階級鬥爭，更無關政治。

就庫切的作品而言，呈現鮮明好看的劇碼，就是最大的政治。

縱然兩個都打算詩一樣、而實則狗一樣地在活，在盧里和露茜父女之間，卻有一條無法彌合的溝渠，被「此刻」隔開，白種糾結。「溝渠」兩側，盧里生活在文明，相信員警等人類法則，他覺得他代表了尊嚴，代表了天性，惡行也浪漫美好，以淫蕩追求純潔，把自己看成明月，而詩人拜倫是他的摯愛，他在獲得恥辱後詩人一樣撐帆逃脫；露茜則生活在蠻荒，相信嚴酷的叢林法則，將恥辱忍下不提，也算以弱逞強。她覺得她既然無法逃脫，不妨就地順應；盧里將命運歸結於歷史原因，他傷害他人和自己，並竭力反抗為此而產生的羞辱，露茜則命運歸

結到個人，深刻感受到被傷害的恥辱；盧里選擇逃避現實生活，治療恥辱，露茜則寸步不離腳下土地，默默承受恥辱。父女雙方在那次的一問一答中都感受到了恥辱，對方的恥辱，自己的恥辱，卻言不及義，無法排遣......輪姦發生後，盧里不停地想和女兒露茜交流，尋求對這一事件的解決辦法，露茜則以「溝渠」拒絕父親的「明月」，因為「你不在場......如同先後觸犯了刑律，被投進監牢，只擁有一個角落，看守過來，在湯匙口大的小窗子上露一對鷹隼樣眼睛，大喝：『睡覺！！！』」露茜就細魚似的縮著睡了，盧里則烏賊模樣奮勇跳起，大罵......結果是被鷹隼吞進吐出──他只能得到鞭痕。父女兩個對待恥辱的態度大致如此，而結局天壤有別。

有一個細節我十分難忘，並起了聯想：父親盧里敏感於自身恥辱，卻一再觸及「刑律」，務虛、詩性地生存，卻同女學生有不倫的關係──他把強暴本身也算成詩意之一種，矛盾統一，不斷自我鈍殺和拷問，陷入釣鉤陣的串串天問而不能自拔。然而他的尊嚴感是如此之強，愛屋（自己）及烏（狗）：狗死了，為了牠不在火化前被鐵鍬拍平，維持牠們不值一提、似有若無的尊嚴，他還堅持自己親手將牠們一一送入火化爐，看似完全沒有意義，無人介意，連那已經消失了生命的狗都必定不再知曉，可他卻默默地堅持著......他處處、時時感到恥辱，複合的恥辱如山壓下來，砸著他，而他卻西西弗斯朝山頂推著巨石一般，為著尊嚴，日夜不停做最無用卻努力的抗爭，為重建對世界的信心而作著無畏和無謂的抗爭......他因為滯留大地，而渴望飛翔，用錯誤的材料製造了安裝錯誤的翅膀，無可避免地陷入自己製造的恥辱之中......他最後驕傲地失敗了。

我們無意，並沒有資格譴責他。譴責他就等於譴責我們自己。每個人都是天使、魔鬼的矛盾統一體，以及詩人和狗的。我們被動或主動做著一些失去硬度、我們不齒卻不得不做的事情，不高貴的事情，卑鄙的事情，尾隨而來的光榮或恥辱細草樣萎了還生。我們停不住腳步，停不住心。可悲的是，你只要是個人，除去孩童期，長著長著，就必定和

「人」的本真有了悖離。我們之所以還敢稱自己為人的原因，只不過是因為大家還算神志清醒，悖離的同時一直在勉強吮取「詩人」的成分而盡力割除「狗」的部分——像割掉盲腸、潰瘍，有時還不得不割掉鼻子，如果那裡有病變的話。

接著看：在書的結尾，庫切借盧里的嘴這麼說——

「你不留牠了？」

「對，不留牠了。」

盧里說的是要處理（殺）一條狗。他給它做了一個完結。

需要這樣。應該這樣。必須這樣。這樣才是盧里，那個童話詩人。

哦當然，至此，這個似曾相識的情節，當然有點讓人想到伴我們青春期歪歪扭扭成長的、那個著名的中國童話詩人，他為自己腦中蕪雜的、沒有答案的問題所困，無法自我救贖，便遠走外域荒島，二妻左右，本危機四伏，卻自認桃花源，終用一場殺戮和自殺了卻了所有問題……聰明敏感都足夠過分的個別童話詩人總是在天道詰問和自我認知的問題上走得最遠的那一個。

而女兒露茜則在被人輪姦之後，長成了一個沒有半點情慾的自然主義者，真正的植物。她褪去了一切矯飾、思維，只想簡單地在土地上種植，和動植物生活在一起。而為了這個目的，她可以隱下所有的恥辱，對往事隻字不提。為了得到庇護，她可以只為利益做黑人的第三個老婆，並為了保持和黑人的關係，維護強姦她的小孩。她是務實的，也許看透了世事的虛幻，只要最本質的生活。或許，有時，無能比聰慧更有助於我們心靈的安寧。而盧里希望可以一直保持尊嚴感，如有可能，必激烈反抗，至少不能任由擺佈，委曲求全。為了化解恥辱的指導思想和行為方式的不一致，他們一次一次發生原則性的爭吵，並最終在盧里失去理智攻擊和女兒共同生活的小孩子時，和女兒的分歧達到頂點，而徹底決裂……女兒露茜的寬厚忍耐有點類似地母，或棲息下來拖兒帶女死

心塌地做成農婦的奔跑女神，但總的來說還不過是最大眾的、迷糊而盲從、無力也無心的那一類的代表。

就這樣，「尊嚴感」一層層長起，又在一段段不圓潤、不協同的音符中被一層層剝下，像最後一件短褲在陽光下被當眾扒掉……反轉來，風月寶鏡背面的「恥辱」纖毫畢現。磨折不堪。於是恥辱在恥辱之前已經成為了恥辱，並牽引主人翁走向恥辱之後的後恥辱時期——那更深刻的恥辱。而庫切所做的，不過是把恥辱像殺戮者擺弄細嫩的嬰兒的手臂一樣生生掰斷，給我們看它的橫切面，太多的東西裸露出來，醜陋，斑駁，勾掛牽連，汁液四濺……人的植物性慾望如此獸性，讓我們看到心驚膽顫。關於生命的方向和意義，這部小說讓人更加迷茫，而無路可逃，而再三思量。

庫切太過殘忍。我們也太過敏感。我們身陷浮世，左右徬徨，突然瞥到彼此身影，大步迎上去，相互照拂，就是作者和讀者的節日了。也算一種幸運。

一切藝術表現形式、文學構成模式，一直縮小到小說敘述方式，不都是以觸及人性為最高追求麼？它罔顧左右而言他，潛臺詞無非還是那兩個字。人性複雜到不可理喻，奇奇怪怪、旁逸斜出。是如此複雜的事物，很多生活在當世、心卻在彼世的童話詩人（或貌似童話詩人）還沒理清，就到了人生盡頭。

還不算完，合上書，庫切仍逼迫我們做他的對話者，並作自己的審判者和除名者——除名到狗那一群裡去：我們為什麼所困？為了什麼日夜懸心？我們觸犯和觸犯的衝動來自何方？底線在哪裡？在脆弱的世界，脆弱的人群怎樣才能搭建起對彼此的責任之心？尾隨而至的恥辱又是我們內心的哪種詮釋？「無德」和「無錢」哪樣名叫恥辱？為什麼街頭巷尾、布衣縉紳覷街頭車禍如避鬼、恥說「大勇」、卻皆標了「無錢」準星為恥辱？現代人在什麼情況下才能感受到恥辱？我們怎麼面對？如何突圍？他人怎麼看待這種恥辱？他人的恥辱和我們的有無差

別？……人生不滿百，而恥辱無處不在，我們閃轉騰挪，早練就了迴避恥辱、消解恥辱、變恥辱為光榮（道行高的，還具備了顛倒恥辱與光榮的絕妙本事）的大好輕功——事實上，恥辱各有春秋療，年紀一大便會發現，我們最後常常是沒有自己想像得那麼恥辱，也沒有人家讚美得那麼榮光。全中和了。就是這樣。

而恥辱，所有時代、所有人的，所有的恥辱，也像被馴化圓熟、人云亦云的一隻鸚鵡，背叛了它最初婉轉啼鳴、獲得歡樂、至為美麗的初衷。恥辱感是庫切寫作的背景情感，也是當下的稀有資源——我們對恥辱麻木了，這項功能多日不用，也就廢棄。所以，恥辱感乃至遮羞布的缺失不能不說正在成為現代人身上普遍存在、最需要警醒的嚴重問題之一。不再曉得「恥辱」二字如何書寫，也就不再曉得光榮是種什麼東西。我們忙於賺錢分身乏術，渾渾噩噩，又累得很，也已很難舟楫勞頓抵達恥辱，可是啊，只有重新獲得恥辱的能力後，我們才有可能獲得打敗恥辱、奪取光榮的勇氣……跟吃飯睡眠一樣，恥辱於人是重要的。

這有多麼素樸。這樣理解又有多麼省心。它不眩暈不氣喘不血脈賁張，比彎彎繞的這「主義」那「主義」（譬如「種族」，譬如「殖民」）簡直、輕巧一百倍。

他文本簡，藻飾少，不動聲色，偶或溫暖……本來也配這樣省心的解讀。大類海明威，仔細讀，還有些福克納那十分能沈住氣的氣質在。草莽間，平和際，均勻呼吸，字眼潔白，卻高貴典雅，詩意盎然，勝過鄰桌華廈內任何一場華麗奢靡的文字盛宴。

庫切這樣用冰冷的詩意來描述兩隻小羊的情節，似乎也是說人的情節：「肉是給人吃的，骨頭是粉碎之後作家禽飼料的，什麼都逃脫不了這樣的命運，也許只除了那副膽囊，那是沒人吃的。笛卡爾應當想到這一點，讓那無處置身的靈魂藏在黑暗、苦澀的膽囊中。」

自然，作為童話詩人的主人翁，沒有真實的童話詩人的黯然結局……他妥協了，放棄了經不住推敲的、題目自擬的道德標準，從希望

做瓔珞謹嚴的童話詩人，到希望做狗，恢復到了希望做人。他到最後也未能完成一直想完成的那出關於拜倫的戲劇......我們的主人翁，他發現世界充滿恥辱時，曾經自我否定，想自我閹割，隱遁田園，可最後卻回歸家園，一心嚮往於做一個好外公，等待做一個好外公，一個凡人......他恥辱，就詩人；他不恥辱，就狗。事實是：他不能完全恥辱也不能完全不恥辱，他是個問題敏感者，同時類似於受害者......不，他一直都不是真正的童話詩人，也不是狗（幸運還是不幸？）。恥前恥後都不是。

我們也不是。

夏日取暖

——讀書筆記之八：情書情境

我的你：

哎，既然眼見得七月流火，愛陷於澤，不妨丟開去，清平些，柔軟下心地，關小音量，邊聽聽冷冷垂落的水滴一樣的蕭邦，邊扮成一隻無人認領的流浪貓，輕手輕腳，髒著鬍鬚，去地下通風口的角落裡蜷了，瞇了眼，看人魚公主清晨化成泡沫，看灰姑娘的鐘敲12點，看雪人融化給單思著的火爐子，看影子一番絮絮叨叨之後不得不起身告別消逝無跡......唉，愛到那樣，只有捨己。

看孤單的孩子安徒生，泣哭著歌唱的詩歌《茅屋》——那封情書。

是的，情書，就像他一輩子、一直到死、都把暗戀著的愛人給自己的最後一封藏揣在滾燙左胸的情書一樣的情書。它還能是什麼？

還有那些小時候讀著甜美如蜜的童話，哪裡是什麼童話哦？分明滿紙嗚咽，一齣齣愛的悲劇，愛的詩劇。那些與愛有關的隱忍、不語、節制、犧牲......那些殘酷，那些疤，教人在這個夏日，冷得抖，還要不時停下，站起來走走，才能均勻呼吸。他成心的，不給小朋友看懂，讓他

們跟著他小豬一般只瞅瞅表層哈哈一笑，便飛奔去玩耍。最好那樣。

那是更適合成年人午夜深讀和掩卷後心濕、憊憊而睡的一類讀本。

還有，他自己畫的那些畫，那張樸茂的、一名農人似的畫：一顆心臟，丘比特引弓發出的箭們在它旁邊縱橫四散，滿塞了整個畫面......就是沒有射中那顆心臟。它旁邊小小的字母，標著一個名字：安徒生。

哦，安徒生，這個出生在一張由棺材板拼成的床上、幾乎自況的那一篇中「跛腳的孩子」呵......他是生活在十九世紀的一個真真正正的孩子，一生中沒有靠近過女人。他獨吞了全部霜雪，把那顆本該戀愛的心，捧出來，燒成阿拉丁神燈，溫暖人間。

讀著，一個戲劇作家的安徒生，一個歌劇演員的安徒生，一個剪紙藝術家（呵呵，看他剪紙，倒大類一名靈性四射、終生居住在陝北或渭南高原上的紅臉蛋農婦的竈頭之作）的安徒生，一個旅行文學家的安徒生......一個詩人的安徒生。寫童話其實也遠非他的初衷呀......一個在當時偏遠、閉塞小城中囚禁的孩子，一個有著複雜、混亂的家族血緣的自卑的孩子，一個有著瘋瘋癲癲的祖父的孩子，一個誠惶誠恐、生怕自己也會有一天發瘋的孩子，渴望關注，渴望富有，渴望愛情，渴望......離開。

離開了，都過去了，如大風呼呼吹過。只有不是初衷的童話不改當初新鮮地留了下來，揚在最親切的矮枝上，滿裝了聖水，供我們伸了頸項，輪流輕啜，以解近渴。那樣渴！......哦，還有，還有他的那首風泫雨淚的《茅屋》，如同掏自我們自己滾熱蒼涼的心窩。忙著嗎？請略停停手頭工作，讓我為你用行楷一點一點、用核桃大的字謄寫出來，誦讀給你聽，或者找來譜子，取下那把掛在牆上一百年的老吉他（哦，在兩年的專科學習時間裡，我彷彿只是靠讀雜書和彈吉他兩件事過活），只噘唇吹吹，帶著些兒薄塵，就這樣小聲彈唱給你聽，請你來輕輕和著我拍子，別驚擾了人家：

在浪花拍打的海岸上，有一間孤獨的小茅屋，它上接天空下連海，它四周全是山和岩，那種景象真荒涼，竟不見草和木。但茅屋裡有真情愛，使幸福常在。

這屋裡沒有金和銀，卻住著一對有情人，看他們愛得多真誠，那情誼比海深。這茅屋雖然又小又矮，這窮鄉僻野沒人來，但茅屋裡有真情愛，使幸福常在。

....

埋頭久了，不覺起了疑問：愛情究竟是種什麼樣的東西？那樣棒的歌、畫、詩，又說明白了愛情的幾分之幾？……怨曠不偶不好，那麼，隔著一張太平洋的琴譜的距離，海風南來北去送送那首《茅屋》的音符，之間偶或哼上一段好聽的副歌（嗳，插一句：聽去吧，副歌一般都比主歌部分要好聽100倍呢），似這般同心而離居，是不是就算了一種最理想的際遇？像我們？

嗳，還要告訴你──呵呵，簡直不能不告訴──前幾日又在公家藏館看到那樣一本新書──詩、畫、歌一體的書，一本不可能的書，魚腸劍一樣劈面而來。猛地照面，幾乎比安徒生更讓人心碎吶。

說起來，它只是畫在粗布上的81個笨拙符號，蘊涵了81首情歌的、毛茸茸、原生態、不怎麼起眼的一本書，那一直歌唱著的民族手書的另一部又賦、且比、還興的偉大《詩經》──到慘烈剛強處，還挾汗血呼嘯而去，直接奔了《樂府》。

一口氣不帶喘地，我讀完了它，抄了半本，竟起了長歎──哭也不至於。它不怎麼悲愴──呵呵，它有時敲起來「噹噹」的。

天！居然有這等絕世佳人似的物事，掩在深山，自搖曳生姿。它藏在極偏僻和窮困的山凹裡，在一名對它的價值渾然不知的農婦手裡保存多年──整個村子60多戶人家，戶戶姓農，家家務農，也夠奇了。照片上看去，那裡的房屋俱是淺黃牆壁，壁低矮處附生著苔蘚，鮮綠一

片，瓦是灰青瓦，一片連一片，鋪排開，反扣屋頂，在大太陽下，像一行行、一部部翻開了晾曬的舊書。各家簡易土樓的屋前都延伸出一片竹子搭成的曬臺，上面攤著金子樣的穀物......它直接是個夢。呃，為什麼呀？我們愛某件物事愛狠了，就說他（她、它）是個夢？並願意跟上他（她、它），去受難？為什麼呀？

而眼前這本書啊，竟比夢還要夢幻一些吶——它賦予蓬竹、芭蕉、書桌、同行、騎馬、甘蔗、繩子、火鳥......一切事物以靈魂，織織連綴的珍珠也似的一幅壯錦，無比迷人（是的，是迷人：它表義、表音，還可歌吟）的歌書在上面茁壯著，歌著、詩著、圖畫著、文字著、勞動著、愛情著、不可思議著：

請一起聽聽它多麼動人的歌詞吧，為你抄來——可惜你看不到它同樣動人的圖畫、聽不到它同樣動人的聲音（我殘損的耳膜也聽不到。但我完美的心聽得到），你聽上一句就不會把它再忘記：

書裡第33首《紫梅》，女孩試探性提出：「雙手扶紫梅，巧嘴哄妹心，轉臉向妻笑，還騙妹獨身」；第34首歌《兩棵紫梅》，男孩狐疑地反問女孩：「妹已有人訂，妹八字他拿，哥心好淒淒，枉然交朋友」；在第45首《紗條》中女孩又唱道：「哥說沒有妻，哥妻在百色賣棉，哥妻在剝隘賣糖。她幫哥拿秤，坐靠椅數錢，哥妻享富貴」；在第56首《木鋸》中男孩對應著唱：「妹說沒有夫，上月哥去見，本月哥相遇，相遇在院邊。拿斧做木活，院裡滿鉋花，曬臺滿鋸沫」......唉，猜測，掩飾，不自信，試探，企圖解釋，少少的嫉妒，暗自的著急......讀得為他們難過，像為我們難過一樣。

再讀到後面：男孩在第66首《房屋》表達了對女孩的愛情：「如成情侶咱相愛，藤頂做房也值得；如成情侶咱相伴，樹梢做房也樂意。沒有飯喝風，沒有柴燒糠，永遠不相吵......咱倆同生火，火熄咱同吹，火旺咱同笑，相愛樂融融」。之後，他們終於獲得了自由而美滿的愛情，這真好——女孩在第67首《馬》中這樣唱：「今夜星鬥亮，金與銀同

127

熔，馬韁繩相扭，銀鈕把衣鈕，我倆講相愛，誰個來干涉？」

清淺而不直白，是為文最難的事。一眼睇去，彷彿一馬平川，話已說盡，回頭再看，卻忽然把持不住，意動神搖。而那麼純潔熱烈的告白……唉，請你假裝沒聽到，翻過去，就算了。

還有啊，男孩在第72首《浮萍》中表露了得到知心愛人的喜悅之情：「若得妹為妻，高田埂變矮。旱田變水田……愛你愛不夠，賞妹手腳飽」。女孩則在第73首《下雪》中相跟上表示了尋到稱心先生的喜悅：「若得哥為夫，臘月下雪粒，坐曬臺也暖，四月雖沒米，飯不吃也飽，菜無鹽也鹹，咱成家心甜。」……什麼都沒有了，大地也沒有了，只有你和我。是這樣的時刻。迷人到對現世形成動搖之力而身在前世，迷人到成了天意……天，迷人得無可救藥。面對如此天意，我們的文字還有什麼用？還寫作畫畫作什麼用？不如手中筆折三段，去做劈柴，胡亂燒些滾水來，洗今日閱讀的羞。

更讓人驚心的，卻是那個最簡單曉暢不過的句子，它居然這樣來表現：一個象形的人橫著躺倒在地面——一條線代表地面。是死去。它代表的意義是：「我愛你。」

原來，「死去」的意思居然是：「我愛你」，「我愛你」的意思居然是：「死去」

……哦，死亡——愛情……愛得死去。質樸、纏綿、強烈、勇敢、坐得實又空靈得起……它占全了。

吸引若此。美麗若此。蠻荒曚昧也不能減少她哪怕一分毫的美。他們是真人，內在圓滿，而我們，表情也假假的，心中存的全是一己之私，加之乾巴了血肉——都被戕害了。這樣的假人、塑膠人，文章怎樣感天動地？愛又如何入木三分？

喏，哪怕沒有過經驗，你我看人家——無論中國山村裡的坡芽歌書，還是丹麥大海邊的安徒生——也都曉得：愛多麼美，比這樣那樣特

異美麗的歌唱還要美上一萬倍。

　　愛呀，愛就是互生美好之心啊，就是看到你就像看到花，就是你的壞也是你的好，就是沉默著也可以、但請別離去，就是你的名字是珍珠含在口裡、撬也撬不開地、捨不得取出示人、炫給人......愛就是遇見你，就像一面潋灩忽然轉了沈寂的湖水，開始仔細而認真地生活，開始體會每一處美好的物事，一些細微的關懷和寵溺......假裝世上只有自己，和那人相糾結，同了一副心肝同一副腸。

　　愛有多重要呐，在人生最後的跋涉裡，有什麼財富可以檢點？都只剩了深情的眷念。所以拿破崙在最後時刻喊著「約瑟芬」，他從孤島上離開，到另一個世界上去找她；而在另外的地點，約瑟芬在最後時刻，同樣長號一樣地叫著「拿破崙」。他們帶著渴望團圓去了......無論誰都有屬於自己的那一份真的愛情吧？兜兜轉轉，也凱薩的歸凱薩，上帝的歸上帝，逃不掉。

　　它在那裡——等在那裡，常常是等在離我們最遠的地方——等你現身。而後，被你森森細細的光芒罩住，像朝雲看見太陽。

　　愛呀，愛就是：我看見了，可就是不說。

　　我們放下個性，放下固執，放下驕傲，放下尊嚴（哦，昨夜在你窗外下的那場雨，是在告訴你我有多委屈），原來都是因為放不下一個人，放不下一個你。它那麼麻煩，無比麻煩，有時還悲哀，卻滋味媚人，讓人放棄抵抗。這幾乎是宿命。

　　一時想起《牡丹亭》裡的一句話：「情不知所起，一往而深。生者可以死，死可以生，生而不可與死，死而不可復生者，皆非情之所至也」。而錯失原只是人生尋常，生死也便成了常見的風景。面對愛情，所有神鬼都應該安靜敷座，而我，願意為你俯身，將自己捏成寬口的罍，以盛住你微醺後崩塌的塊壘——在愛的路上，我們在去著，我們又都在留著。去留似乎都由不得自己。愛是無力的。

哦，還是樂觀一點吧──也許，只有樂觀著，自勸著，才能生出微茫的希望，才能有所持守──也許，此刻我思想的馬正帶著我穿過某一口年久日深的古井。而你，是不是正在那井畔迷醉地讀一本紙張發黃的醫書？上面記著許多低矮的、名字好聽的草本的藥......或許你也可以用它們排出一卷苦苦香香的情書，把我的小名兒隱在其中。

到那時，你拿兩片綠的黃的樹葉擋著自己的眼睛，和霧靄一樣的眼神，從那頭走來，我會有些懵，睡袍婆娑，未及睡醒，朦朦朧朧的眼睛會辨不清是誰站在我的面前，誰又在跟我溫柔地對話。而我會在你身邊待足夠久的時間，直到你願意放棄用快門留住幸福，換另一種天長地久、別樣形式的廝守。

你呀，你會輕輕地擡起年輕的手臂，試圖劃過我的額頭、眉眼、鼻尖、嘴唇和下巴的輪廓，像墨線勾勒一幅慢鏡頭播放著的速寫，像鐵線篆刻一方起了簌簌粉塵的金石，卻終究將猶豫地停住手指。在某個夏末或初秋的夜晚，一定很熱，但一定很溫暖──哪怕而後別過，再不能相見，哪怕聲音，也永聽不得。

唉，就這樣，你看，我無意中做成了一名古代閨秀，帶著細小傷口溫暖地幸福著：安靜沉著地讀書，下棋，習書，作畫......很乖地上班、加班，偶爾頑皮翹班，到對面的咖啡館點一杯黑咖啡......喏，想到你我總是這樣慌張地把詞語打翻，潑得一地。它們潮濕地骨碌碌亂滾，香遍每一寸空氣。我多麼無措，曉得自己只是不敢收拾它們成井然有序時的樣子，暗自擔心我的秘密和甜蜜不及長大，就被好心地判歸夭折。我當然不同意。怎麼肯？

因此，不要慌張，不要急。要足夠的時間才可以讓我完全相信了你的好，以及真誠。還有，讓你相信了我的。

如果你願意，我可以永遠像現在一樣美麗。

哦，原諒我一直未能啟程。我還是個孩子，還能快樂多久──忽然

就想起：孩子原本是快樂的，可為什麼，成長著成長著，就都紛紛悲傷起來？

不管了。反正是世間的喜悅天真到底嫌少些。

況且，愛情它本來別無他事，不過暫避愁煩、聊以寄身的螺獅殼子罷了。哪堪期待？因此，看見與看不見，愛與不愛，也差不許多。而要你要我，來去奔忙。

那麼，下一刻，就讓我辭別敬愛的豪放派先生雨果，跟隨親愛的婉約派老師安徒生，懷揣一冊《坡芽歌書》，慢慢地，一路撥一撥礙眼的花枝，踢著叮叮噹噹的碎石子，也許還踩踩田埂，或馬路牙子，順著河道，或立交橋，溜躂著，行太遠太遠、看著就需要長跑的郵路，去看你——我愛，請記得：在這之前，在溫涼的秋季到來之前，在我的頭髮長到腰間之前，在我出現之前，請你柔靜走動，不時勞動，於大樹下消汗、休憩......要深度地睡眠，但須淺淺地想念。

好了，好了......就好了......小天鵝（心裡卻偷偷叫你「我的醜大鴨」呢。呵呵，生氣了吧？）。

那一張影片一遍又一遍在重放。沒什麼話了。封了緘。

餓啦，也有點饞，想去冰箱尋一點宵夜來煮煮。

這邊天氣已大熱。不知你那裡如何？

睡了吧。

醜小鴨

6月30日夜21時52分

撫摸穀倉

──讀書筆記之九：驪歌輓歌

能把「死亡」這一主題引入水晶屋一樣的童話、用以說明生命的天才，具有那種真正的藝術家的懷抱和勇氣的，除了安徒生，還能有誰？

死亡是莊嚴的，生命也是。

因此，這個夏天，我想讀的第二種成人童話，很薄的這本小冊子，就是來自懷特。這個人──這個聲名略小於他的成就的人，理應得到他應該得到的讚美──閱讀。作為讀者，能有如此傑出的作者曾出現在我們也生活著的世界上，我們還真是幸運。就這本用筆簡潔的童話而言，雖然他和安徒生所講述的內容和方式不盡相同──他說友誼，到死亡，抵達的是暖意；安徒生說愛情多一點，到死亡，抵達的是寒涼。而暖意與寒涼不過是一種事物的兩個注腳罷了。

他們都是傳播生命意義的普羅米修斯，一個在左，一個在右。他們手上燃燒的童話，可解我們的相思。每一個都會在某個干戈寧靜的時候思念童年，還有少年友誼。難道你不？

哦，不能懷疑格林童話的純真美好，那些一千零一個夜晚帶給我們的感動：那些矢車菊和百葉草，那些糖果做的房子和雪裡滾出的紅色草莓，以及他們幾乎同中國戲劇一般無二的歡喜雀躍大團圓結局，曾塞給我們小小心靈飽漲的滿足感......多麼值得記憶。可是，當我們長大，就二三其德，換了心腸，尤其愛上了另外的、具有「輓歌氣質（最近讀書，剛學的一個詞）」的童話──我當然喜歡輓歌氣質──比起喜歌氣質，這無疑屬於一種更為高貴和老成的寫作氣質。

在這個意義上，童話和史詩站在了一起（說遠一點：童話和宗教站在了一起，正如小孩子都是天使一樣。成人......咳，揪掉了翅膀也就墜落成了成人）。

喜歡這本書首先不是它的內容，而是書中的動物代稱──一律用的是「she、he」，而不是「it」，蠻遂心意（我讀的是中英文對照的，

讀不太懂了就看一眼中文。童話，語法能複雜到哪裡去。讀《小王子》也是如此。我的建議：能讀原版讀原版，尤其是外文更好的後輩們。因為，多多少少，譯文會失落一點原意的精華）。這和我一直以來的小小見識也是契合的——動物有性別、性格、情感、很多不亞於人的聰明和微妙精緻的交流，憑什麼就把人家給「寶蓋兒」天地一籠統啦？沒個男沒個女、沒個陰沒個陽的，讀來未免氣悶。而世間一切的關係——包括我手邊的上水石、你手上的扇，這些你我認為沒有生命的東西，也都本均應簡單、直白、平等對視、交換體溫的啊。

說說梗概，主要說說穀倉：這本書敘述了一個農場穀倉裡，一年中所發生的故事，主體是一隻蜘蛛拚力織網救了一隻小豬。穀倉很大，也很老了。裡面有乾草的氣味，有肥料的氣味，幹活累了的馬的汗味，有吃苦耐勞的母牛的極好聞的氣息。穀倉讓人聞上去感到天下太平，什麼壞事都不會再發生。......穀倉冬暖夏涼，裡面有馬欄，牛欄，穀倉底下有羊圈，有小豬韋伯待的豬圈和小蜘蛛夏綠蒂待的角落。穀倉裡有凡是穀倉都有的各種東西：梯子，磨子，叉子，扳手，鐮刀，割草機，雪鏟，斧頭柄，牛奶桶，水桶，空麻袋。他是燕子喜歡築巢的那種穀倉。他是孩子喜歡在裡面玩耍的那種穀倉。

穀倉的四季，如人生的四個階段，悲歡盡斂，濃墨淡彩，隨情節的開闔而變化，最後，繁華和喧鬧收場，悲劇和喜劇過去，只留下平靜、言盡的人生。想來以這樣的感受為基底，建築其上一切將牢不可破，即便分離也不會帶走屬於生命的美好回憶。

不把這樣的好句子引過來共用簡直天理不容：

「第二天有霧。農場裡什麼東西都溼答答的。草地看上去像一張魔毯。那片蘆筍地像一片銀光閃閃的森林。」

「最後一天，夏綠蒂對韋伯說，現在沒有什麼能傷害你了。秋天的白晝要變短，天氣要變冷，樹葉要從樹上飄落。耶誕節於是到了，接下來就下冬雪。你將活下來欣賞冰天雪地的美景......冬天會過去，白晝又

變長，牧場池塘的冰要融化。歌帶鵐將回來唱歌，青蛙將醒來，和暖的風又會吹起。所有這些景物、聲音和香氣都是供你享受的。韋伯......呵，這個美好的世界，這些珍貴的日子......」

「『那真是一隻了不起的蜘蛛，』她說，『你一直是我的朋友，這本身就是一件了不起的事。我為你結網，因為我喜歡你。再說，生命到底是什麼啊？我們出生，我們活上一陣子，我們死去。一隻蜘蛛，一生只忙著捕捉和吃蒼蠅是毫無意義的。』

後來，韋伯一直生活在穀倉裡。穀倉裡的生活非常好──不管白天還是黑夜，冬天夏天、春天秋天，陰沉日子晴朗日子。韋伯想，這真是個最好的地方，這溫馨可愛的倉底，有嘎嘎不休的鵝，有變換不同的季節，有太陽的溫暖，有燕子來去，有老鼠在附近，有單調沒變化的羊，有蜘蛛的愛，有肥料的氣味，有所有值得稱讚的東西。」

......

另外，如果前面的引文只夠優美不足以動搖你的冷靜，那麼下面這段夏綠蒂之死一定可以使你頓生淚意：

「再見！」她低聲說，然後運用全身力氣，揮動一隻前腳向他道別。

她永遠不再挪動了。次日，凡瑞士輪拆散了，賽跑的馬裝進了運馬的篷車，遊藝場主人們收拾起行李，開著活動住宅離開了，這時夏綠蒂也死了。不久廣場上已闃無人跡。棚子和房子都空了，顯得很荒涼。跑道內場滿地是空瓶和垃圾。赴會的數百人中沒有一個知道，會上最重要的角色曾是一個大灰蜘蛛。她死時無人在旁。」

「她、死、時、無、人、在、旁」。真的蠻感激如此用心、會用心的譯者，我喜歡的最初的譯本譯者。她說「她死時無人在旁」──不須易移，無可增刪。多麼孤獨的一個句子，引得人會心，長久沈默。哭也可以。

我的小侄女書架上有一個2008年最新的譯本，帶拼音的，我也看了，關於這個句子是這樣講述：「在它就要死的時候，沒有任何一個誰陪在它身邊。」噫，不經意露出了用盡氣力和怕說不明白、怕打動不了人的意思——豈不知這世上怕什麼來什麼。

　　扯一句為文的思考：你淡一些，他才濃一些；你掩一些，他剝開一些。總之，你克制多少，他思想多少。這道理大抵不錯。

　　至此，整本書像條河流，先是歡快的溪流，後是延宕的激流，行進到末梢，卻靜靜鋪展在大地上，成大河東去的樣子，那些細沙浮塵隨河水漸行漸遠，歸了海。而夏洛留給我們的，是她伏在某片樹葉上一動不動、隨波遠行的背影——哦，「她死時無人在旁」。你聽過安詳從容的輓歌麼？比聲嘶力竭何如？

　　哦，還喜歡這樣的「天籟」：

　　「可是這不公平，」芬兒哭叫著，「這頭豬願意讓自己生下來就小嗎，它願意嗎？如果我生下來時也很瘦小，你就會殺死我嗎？」

　　這樣純粹無欺的聲音只能來自兒童——那樣純淨清亮的心田。讓這個夜晚都市上空各個方向的一切雜音，因為羞愧而紛紛迴避。公平一點說，她天真爛漫的言語有足夠的力量去阻止殺戮——包括原子彈。如果世界流行公平的話。

　　可是，讓她的父親阿拉貝爾先生暫時放下屠刀的卻不是這一切，他只是不想傷害女兒，不想讓女兒傷心。成人世界是不講道理的。他說：「但這是不一樣的。一個小女孩是一碼事兒，一個小瘦豬是另一碼事兒。」

　　是的，這就是成人世界的哲學，朋友是相互利用的動名詞——而不僅僅是名詞，友誼則是碰杯時觥籌交錯成花花腸子的祝酒詞，腳底下的絆子都是前後左右點綴「朋友」和「友誼」的嘰哩咕嚕的形容詞、副詞、感嘆詞和虛詞，那些可有可無的雜拌。難得偉大的成人把理智和情

感梳理得如此涇渭分明，井水河水兩不侵犯。成人的這種後天學來的能力強大到刁蠻，並真的能藉此實現順我者昌，逆我者亡。可怕嗎？但這是事實。

在成人辭典裡，我們常見的有：「弱肉強食」——這四個字一字一頓，甚至不含一點感情色彩；還有「等價交換」——這四個字無關邪惡，也不必包括善良，無比冷靜，不含褒貶，只作為一種客觀存在的、巨大的利益之籠聳立於世。任何一個經受過十八歲成人禮（不必真的實施儀式，十八歲本身就是一個儀式）的人，都會明白這種籠子的強大和不可逆。我們想念的最初的友情只適合默觀、低聞、淺言、輕擁，而我們在割斷友情的時候，總是記著這個世界尊崇弱肉強食、等價交換的原則：因為他曾經侵害了我，因為彼不我恩。我們忘記了，喜歡，才是做一件事情最好的理由啊。忘了嗎？夏洛說：「我為你結網，因為我喜歡你。」

多麼好。

是不是因為我們不能再這樣，僅僅依據我們的「喜歡「來界定我們對世界的定義、決定我們對除卻個人之外的生命的行為，成年人才不斷用童話和其它各種手段表達對純真和善良的緬懷、對生命的極大依賴？為什麼小孩子總是那麼純真善良，是不是僅僅為了進行某種現實映照而暫時存在？我們哪一個不曾是小姑娘芬兒、聽得懂動物的語言、對一切都心懷好感和敬畏？但是，慢慢地，隨著身體的長大，我們開始注意亨利或者摩天輪，慢慢地，周遭太多奇怪、新鮮的事物出現。甚至，讓我們天真、誠摯、善良、負責的真我漸漸喪失，再也聽不懂動物的語言，甚至跟老鼠坦普爾頓一樣——或者比他更差，還遠不如他（他有著和小市民一樣的自私，一樣的那麼容易被引誘。他是大眾，並無可指摘——生存很苦，誘惑很甜蜜，它們往往又循循相因、連皮帶骨），而我們，竟忘記了抒情的方式，只求索保形體、享天年的法則，不再記得養盛德、應大道的道理，毫無痛感地默許這一切的發生。

難道這有錯嗎？

——難道沒有？

看來我不得不學著長大了——我是說我的心。我多麼不甘！在完成了最初最純潔的夢想（感謝上帝，我完成了它）之後，好像必須立即介入現實，沒有半點可供猶豫的餘地——它們如此洶湧，以喜歌的形式、吞噬的勢頭來臨，推拒絕得。如此，便意味著被同化......我當然不允許那種情況發生——適應可以，扭轉不能。

我們到底成不了我們想成為的那種絕對純粹的人。保持一定的憂惕、一定的輓歌氣質、保持一定的不純潔是安全的，也應該為了並不完美而有所安慰的生活適度安心，做成功一個處於破敗之中的神。譬如：我們也有自己的「穀倉」，珍珠樣的、一粒是一粒、吃一粒少一粒的「穀倉」。譬如：歡笑過的童伴，走開去的媽媽（媽媽也是朋友一種），陪伴了青春期的閨密......還有，勞作間隙拄鋤而立孤單時候的你。

我們還保留了一些原本受之於天的人性，沒有忘記最偉大的聖人「溫而厲，威而不猛，恭而安」的教導，並彼此觀察，小心翼翼，一天一天過去，直到最後，才將信任交付彼此手心。

而也許就等不及，因了傷心或絕望落淚，轉身離去——不是我，就是你。

那要看天意。好在《聖經•詩篇》裡說：我們都要成為過去。看看：都。

還有，蠻喜歡書中這一句：「當然，人大都不知道這一點：人往往無法認清美好的東西」。

這當然也是有著輓歌氣質的一句。

其實，輓歌的意義在於：安慰了，還要傷害，就像傷害了，還要安

慰：就算認清了美好的東西又能怎樣呢？很多時候，人生不能由人自己把握，會有一些他物參與進來，改變了友誼、愛情乃至天性的純粹性——原來一切都只是那麼短短的一瞬，無論是生命還是一些珍視的東西。有那麼多美好的東西啊，那麼多看不完的風景，還有，多麼捨不得的人，可是生命太瑣碎，我們又被時間追得有點狼狽......可就是因為有時間這條大狗追著，所以才一邊喘吁吁跑著一邊尋開心——尋你，大地上和我類型相近的物種，用心，達成高度默契的腳步，和一些真正的愉快。然後，離開——那時節，綠鬢凝霜，驪歌悠揚。

這世間因為有了你，有了友誼和心愛，便不再需要用鐘擺來計量，而是逶迤著蔥翠著，伸向永恆。這十分美好。

我們追逐著美好，時間追逐著我們——是這樣「黃雀在後」的感覺，促人熱汗汪洋之餘可以天天向上，竟成就了一件好事。人人皆蟻民——唉，現成的譬喻：還不就是那個夏綠蒂？也許可以結起一張網，或許還可以溫暖乃至拯救一個人，做成絕對忠誠而純潔、絕對美麗而溫柔、最重要的一段旅伴，但別想，別想活著走近一點跛腳小豬韋伯的身邊——永遠隔著厚厚的衣著，不卸下的鎧甲，和一段兩米的距離。這樣也好。

這樣就好。

就算如此，到底，在浪的盡頭，還是要分開的，沒有人可以陪伴誰，到那裡去。因此，在這裡，無論相識還是不，無論衣著或鎧甲有多厚，請彼此擁抱，和奉獻微薄。

我們是夏綠蒂，我們是韋伯。

皎月花樹青草，香氣滿鼻。

在這裡，遠行之前，請讓我們生活在穀倉，金子鑄造的穀倉。

譬如馴養

——讀書筆記之十：最初最終

　　人類對於動物的馴養歷史由來已久。想來人之所以要馴養動物，除了物質方面的需求外，更有精神方面的緣故。與人類相比，動物的忠誠度不知道要高出多少倍，有誰聽說過動物會背叛自己的主人呢？人與人之間的背叛卻屢見不鮮，不背叛倒成為難得一見的經典，所以，人們常常在被馴養的動物身上得到忠誠感的補償。

　　而人對於人的馴養，我們見到的人間景象，就是愛情。不錯，就是愛情。

　　於是，關於馴養，有了好多好書好音樂。譬如：《小王子》，據宣傳語說的那本「全球閱讀率（其實，閱讀率不代表什麼，正如點擊率）僅次於《聖經》」的童話。提取、默誦裡面這一段的句子，天籟有聲：

　　「看那金黃色的麥子會讓我想起你，那是你頭髮的顏色。而我將會聽風在麥穗間吹拂。求求你——馴養我吧。」

　　比方說，你在下午4點約好來拜訪我，那上午7點的時候，我就會開始覺得快樂，然後接下來我會覺得愈來愈快樂。3點的時候，我就已經開始焦躁擔心了，4點了，那麼我將會知道快樂的意義。

　　而離別快要來臨的時候，我或者你，就悲傷。

　　你或者我，會說：「這就是你自己的錯了，」「我不想傷害你，是你要我馴養你的……」「但是，你快哭出來了！」「那你根本沒有得到好處。」

　　「對啊，」我或者你，也會說，「我有得到好處的，因為我現在擁有麥子的顏色了。」「我們只有用心靈才能看得透徹，真正重要的東西是肉眼無法看見的。」

　　「大人們真的很奇怪。」小王子在他的旅途中不止一次地這麼想。

他在長遠的旅程間覺得很疲倦而憂傷──他的憂傷是世界的憂傷，因為這樣的世界只有一模一樣的人和花朵，如同沒有狐狸的小王子，沒有小王子的玫瑰......當那對自己有終極意義的事物不復存在(或根本沒有)，那麼這裡只剩下會金色的麥田，和一園子無關緊要的玫瑰。為了見到麥田而想念的狐狸到底是聰明的──一個連麥田的思念都沒有的心的荒漠，才是人世裡最悲傷的土壤。

小王子用一年的時間旅行，流浪，踏遍了所有的不毛之地，看到形形色色的人在物慾橫流的社會裡以一百種姿態迷惘著：

國王──坐在只有禮服大小的星球上支配著他的權利，他只信仰權利......愛虛榮的人──「在那些愛虛榮的人眼裡，別人都成了他們的崇拜者。」

酒鬼──為了忘卻羞愧而喝酒，因為喝酒而羞愧......實業家──只愛計算著天文數目，喜愛擁有卻不知如何去管理......點燈人──「小王子瞅著他，他喜歡這個點燈人如此忠守命令。」

最後，他來在狐狸身邊，聽牠對他講：「我的生活相當地乏味，我已經厭倦了。不過，如果你馴養我，那我的生命就會充滿陽光......你的腳步聲會變得跟其他人不一樣。其他人的腳步聲會讓我迅速躲到地底下，而你的腳步聲則會像音樂一樣，把我招呼出洞穴。然後，你看，看到那邊的麥田了嗎？我不吃麵包，麥子對我來說一點意義都沒有。麥子無法讓我產生聯想，這實在很可悲。但是，你有一頭金黃色的頭髮，如果你馴養我，那該會有多麼美好啊！金黃色的麥子會讓我想起你，我也會喜歡聽風在麥穗間吹拂的聲音」......唉，就這樣，這本像睡著的水一樣、跟北歐電影裡的世界盡頭一樣、冰凍著安靜說話的小書啊，用開門見山的曲筆，代替著我們，把些重要的、不好意思面對面和寫在信上道出的話一一講述。

是的，不管誰，小王子、狐狸或玫瑰花，你或我，如果被馴養，渾濁的眼就可以重返明亮，孤獨的心就有了張望的方向。

梭羅講過，人在過著靜靜的絕望的生活。他是遠離人群的，陽光下去找尋一切蕪雜的根源，並試圖打倒它，但他最終一無所獲。這是一個落滿塵土的天堂。

而我們每個人都像這塵土天堂中的一版脆弱的拼圖，雖然用心用勁，力求完美，可一不小心就會打翻跌碎，再拼不足，最後七零八落，被丟在風裡。唉，有幸的是，在某個暗黑寂寞的角落，還存儲零散的硬幣一樣存儲著一個關於小王子的故事，因為它，在這個乾燥、堅硬的星球上，在長長短短的生命觥籌交錯的過程中，我們丟失了心臟和部分的身體，我們多麼焦急呀，因為那顆心臟裡還保住了一點眼睛看不到的東西，一點真正重要的東西，譬如細小的美麗，譬如敏銳的感受，譬如花朵一樣的微笑，譬如兒童一樣的天真，譬如理想和柔情，譬如有關馴養和被馴養的珍奇......而在大多數的時間和空間，我們人人有著不堪記憶的前科，並有著被他人侵犯的不堪記憶——你和我誰也不是乾淨、完整、不痛的真人，因此，腦中充滿心機、懷疑、防備和陷阱，手裡玩著大人們的數字遊戲，有著自甘墮落、自圓其說的邏輯，缺乏對真實世界的熱愛和熱情，幾乎一生都帶著老舊的軀殼，工蟻似的，一點想像力都沒有，只是重複著別人對我們說的話，習慣假笑，心中充滿了大大小的慾望；熱衷名利，身邊浮沉著來來去去的繁華......我們按照嚴格的產能原理，以毀滅為目的建立文明（如果這文明可以被叫做文明的話），製造和採集著這個文明（或者可以叫做「黑洞」）邊緣的眾多形態各異、內容相同的殘片，日夜不停地追逐太多的東西，劍或麵包，以至於都忘記了我們追逐它們的初衷，忘記了東西再多再好，人也是肉長的，偶而該卸卸背負，仰望一眼在微風中綻放的星星——那五億個會唱歌的小鈴鐺......救贖確實可能發生，但我們沒有導師，甚至不知道自己存在的價值是什麼，像那個悲情的神，每天日復一日地向山上推著各自手頭圓滾滾的巨大石塊，卻看不清彼此的臉，只知道當能量下滑時，也死命地撐，而到頭來，所有人的結局都一樣——是死亡——被時光碾壓而過。

無論在二十歲放縱而逝或在九十歲涅槃成神，都一樣。

　　就又無端地想起喜眉笑眼的老先生阿里斯托芬的說話：宇宙最初的辰光，在那洪荒歲月，這世界上居住著三種人，男人是太陽的孩子，女人為大地所生，還有一種，就是月亮人──他（她）們都有兩個頭，共用一個身體和心臟，是一男一女的連體，兩性俱全的陰陽人。陰陽人是月亮的後代，有四條手臂和四條腿，有兩張一模一樣的臉孔，圓圓的脖子上頂著一個圓圓的頭，兩套五臟六腑，枝枝杈杈像直立的螃蟹。當然，他們還長著一對幾乎完全不需要的性器，因為他們像豌豆或蟋蟀那樣把種子播撒在地裡。他們可以任意地向前或向後行走，像車輪一樣向前飛速翻滾……他們天生眼觀六路，耳聽八方。

　　因為他們如此奇異，神害怕了，唯恐這些人無法無天起來，因此就以霹靂為斧頭，閃電為利劍，趁人們熟睡之際，挨個劈開，陰陽人便一分為二，一半成了男人，另一半成了女人。

　　但這兩個半邊身體相互思念，日夜想著抱在一起重新合成一體，這樣就產生了兩性和兩個半邊身體想要重新結合的永恆的力量。真正的愛人希望得到的就是讓自己的靈魂和肉體與另外的一半結合成一個真正的整體。但當他們找啊，找啊，找到有點像自己的一半合起來之後，引力沒了，才發現兩半之間根本不像看上去那麼嚴絲合縫──事實上，距離被劈開的時代已經過去那麼多年，任何一對組合都差不多不再是陰陽人身上的原裝貨了。所以，不管跟哪一半合在一起，嚴絲合縫的概率幾乎都是零。

　　而只有當人找到原裝的、曾經失去的另一半，才能恢復「最初本性」的統一，才使人擺脫了與生俱來的孤獨。那樣的結合，也才能將由於切割而造成的無法癒合的傷痛，變得可以忍受，並得到安慰，而達成人生最大的幸福。於是，就有些特別幸運的人在真正的愛裡，最終恢復了乾淨、完整、不痛的自己。那些人是半神。

　　記得《文心雕龍》裡有「賁象窮白，貴乎反本」一說，說文章，說

人也不是不可以：九九歸一，我們得找回帶有自己心臟的另一半，那本色，那返璞歸真。這和上面提的希臘傳說裡人的「最初本性」的統一是一個意思。我們最後不願意活成自己最初被上帝訂購時的自己？——新鮮，光亮，自然人的原創，沒被刪改和塗抹，像只陽光下帶露的紅通通、圓溜溜的美好蘋果。

因此說，人生來是孤獨的生物，但想著，不用執著孤獨吧？也不用鸚鵡學舌忍著痛說爛俗的、口口相傳、傳走了樣兒的那句「享受孤獨」——享受獨處還差不多。人總不能對「切割」那樣巨大的疼痛麻木。愛啊，愛多重要啊，愛是任何美德的始與終。愛首先是肉體和心靈的熱情——首先是飢餓和乳汁，首先是慾望，首先是快樂，首先是使人平靜或給人安慰的愛撫，首先是保護人或哺育人的行為，首先是愉悅人的聲音......既然如此，好像大家最好跟小王子學學，得有個用自己的名字命名的行星——無論它有多小，得有個盛放了自己全部熱情的理想國，無論它有多不成樣子，並盡力找個愛的依靠點，譬如玫瑰，譬如愛人，譬如寵物，譬如星空，哪怕譬如宗教......放在丟失又好不容易找回的心臟裡，愛著他（她或它），這最接近自己的另一半，然後對他（她或它）微笑，說聲感謝，最後，像小王子一樣遁去，也就不虧——謹慎而惜福地運用這種力量，這種無堅不摧的甜蜜而神祕的力量，人生就多少還有些閃亮的日子等在前面，再大的風雨也足夠抵擋和補償。不少時候，我們不必因為雨水兜頭而降而狗抖毛一樣，計較這依靠點是否真實存在，和存在多久——能多久就多久，能多久就是老天多久的恩賜。人就是人，一芥渺小的、想盡辦法還是無力更改目的地的動物，或植物（咳，你敢肯定人在螞蟻的眼裡不是一株株能開口講話的蘆葦？），要依靠比自己更強大更溫柔的、愛的鼓勵和安慰的、另一半的支柱活下去，讓自己更定心，和安心。如果夠幸運，更暖心一點，才叫個「好」，才叫個「安慰」——救贖的確是個泡影（基督的使命也不過是到自身復活而已），安慰也的確還是有的。譬如：愛。

除了《小王子》，最近也正慢慢研讀《黃帝內經》。見裡面說：

「以恬愉為務，以自得為功。」這是教導人應該以平靜和快樂為要務，以自己有所收穫為工作。其實呢，要我看，萬物皆為空，可為可不為，挑挑挑選選選，選自己喜歡的——或者換個說法，選叫自己歡喜的——幾件事物，來勞作，來愛，甚至都不必去問來處和去處——問又有什麼意思？問誰？

既然都是從無中來，到無中去；既然世間一切都是偶然來到並旋來旋去；既然來的已經來了，去的還沒去......那麼，有多少當下，珍惜多少當下就是。放開喉嚨嘶吼著唱唱吧，倒不必浩歎。

好在，我們高興地看到，晴空下，到底還有一對一對不在一起就天理不公的璧人，從分飛燕一點一點靠近，直到蜜餞一樣，合成了老愛粘在一起的同林鳥。他們正義，節制，勇敢，並一直不使用暴力，他們是動物也是植物，他們是這一半和那一半，他們彼此馴養，用臂膀，用懷抱，用嘴唇，用牢牢盤踞在胸口不再丟失的心臟，用顫抖，用來自我們兒時的大眼睛，用來自花朵沉醉於乾爽的香氣時的耳語......傳達彼此的深意，和能夠給予彼此的溫存，又洶湧熱烈，又安靜沉著。他們的兩雙腿——早蛻變成順拐的桌腿、橫行的權杖、弄錢的點金棍、打人的電警棍的腿，也因為這樣的相互滋潤和相互催發，而在下一秒，突然就還原成兩雙枝葉紛披、生氣勃勃的小樹，吸飽了水，扎下了根，冒出了透明的、綠瑩瑩的小芽芽......他們身上，有白色的結了痂的傷疤；他們身邊，一地泥巴；他們50米外，森林風平，大海浪靜。

真好。

無論什麼，無論你我，都有特定的時刻：歌會唱到尾聲，花會開到荼蘼，最初的相遇當然也有著最終的分別，駐紮在生命的邊疆，像小王子似的毫無聲息的離去......然而其間生命與生命間的相互吸引和相互安慰，這一刻（百年不也不過是一刻？），它美得如此完整、壯闊，如山如河，幾乎是這世間最值得為之鼓掌的一刻了，最。

真好。

真的，不能再好了。

照顧靈魂

——讀書筆記之十一：夢遊夢囈

手頭在讀的，是不足10萬字的一個文本：《華盛頓廣場一笑》，「詐稱」小長篇，呵呵。但我幾乎在讀它第5遍的時候就已經認定：它是當之無愧的王中之王——我說的是實驗性小說中的。每次讀它我都認為：沒有它，美國文學就注定不會完美。它不一定是最好吃的，但一定是最有嚼勁的那一種。這種類似偏執的閱讀也注定是一次狹窄的閱讀。狹窄的閱讀才是好的閱讀。

它令人無比著迷的東西究竟是什麼？......每一次閱讀，我都在掩卷後激動地思索這個問題，並找機會同專門研究英美文學的小妹展開討論。她批評我的激動，卻贊跟我的評定。

國外作家裡，似乎只有《聲音與憤怒》給過我如此寧靜博大的感受。

不要指望去聽一個好聽的故事，有著駁雜繁複的情節，沒門兒。它希望你和它一樣，只寧靜博大地感受它的感受。

記得在羅伯特•施奈德爾的《戀人夜不眠》裡，天才的音樂家哪裡需要老師？艾略斯差不多一夜之間，自學成了管風琴演奏大師。雷蒙•費得曼，這個美國人，像那個天才音樂家，彷彿一覺醒來，華章出世。

因為這種體驗如此特異，所以，這次只說閱讀體驗，不說內容，乃至師承與技術。

它長得忒俗氣——猛一看封面，真的以為是《知音》版的愛情故事，然而，細細嚼內裡，吃到第一「口」——扉頁後的那行「獻給喬治

•錢伯期及其所有無端的重複」時，就已鬆不了口，然後，只能心急吃不得熱餶餶地———心急如火地、心急腿慢地跟隨神性的寫作者———他（她）有時讓我們懷疑是不是掉到地球上的外星人———去跋涉。

是呀，是跋涉呀，他寫得多「那個」呀：那可不叫「晦澀」———比晦澀還要難懂些。那閱讀簡直是個力氣活，讀下來，跟蓋了一座屋子差不多累。他那樣任性、跋扈，一路跳跳蹦蹦，拐彎抹角，有時不管不顧，隨便在哪個背風口就躺下來歇著，可是突然還就一骨碌爬起來跑得一溜煙兒，或乾脆截獲一輛車，趕走司機，自己蹁腿駕駛座開上就飛奔......想跟上他？只有耐住性子，比慢更慢、比細緻更細緻地、一個字也不敢放過地讀，還得不斷地回頭重讀———喏，我說的不是一遍讀後的重讀，是一遍過程中不斷返頭的重新閱讀，閱讀那些呼應的章節、段落、句子、虛詞、「廢話」......是的，「廢話」，它的每一句「廢話」都飽含深意，初淡而回甘。你落下一點，也許就永遠不懂下去了，一個非常有意思、有意味的好的文本也許就味同嚼蠟了。多麼可惜。我喜歡這樣安靜的、有這樣那樣「先天不足」的文本，像喜歡那樣有著小雀斑或芭樂皮的李子———它們存著股布衣士人的素淨之氣，偏偏味道又是大英雄般的豐美充沛。

它的主人翁對現實和夢境的真偽和象徵意義幾乎沒有辨別能力，他（她）打破「既定」，結構「可能」，把幻想和夢想一個一個地做下去，一如他（她）一站一站不由自主的行程。但這樣卻讓我們更難分辨，他（她）所經歷的現實遊走與靈魂飛翔，到底是哪一個，在吸引我們的目光？

它如此地漫不經心又語出驚人———那些四時物華裡逶迤的情緒，也許都是那位天才寫作者在夜深時寫下的吧？它通篇半閉著眼睛，倦怠、慵懶、搖曳、性感，像多和弦，像一把大提琴，像拉得不行的藍調、爵士或布魯斯，像20世紀以來無所不在的冷漠......你什麼時候拿起它來讀，什麼時候就滋滋拉拉，小細絲線，嵌進肉裡，拉你，又有些痛，又

有些癢，還寒涼......類似自虐，和自虐的快感。

對了，它拉的是你的靈魂──它照顧你的靈魂。它的照顧就是拉，也就是割，鈍刀子，割靈魂。

它也不是不講故事，但它的故事來自於靈魂──那樣飄忽無定、那樣似是而非的靈魂。它的不確定性無處不在，這也體現在那些「廢話」上。譬如，第一頁：「......他們最初在紐約相遇，是在三月的一個下午。也許是在二月。沒什麼非同尋常。幾乎是相識了。」

譬如，還是第一頁：「就說他們相遇的那天是星期二，幾乎是相遇了。就說那是個下雨天。而且大雨傾盆，那是由於心情的緣故。管他呢......」

夠廢的吧，這些字句？恍惚，不可靠，沒有著落，類似幻覺......可是，如果把這些「小雀斑或芭樂皮」拿掉，它還有什麼更值得那些能耐超大的批評家們給它貼上「超現實」的標籤？它不現實。它幾乎是「烏托邦」再現。

是的，就是「烏托邦」，是不是類似於吸食毒品我不知道，也許類似於......類似於......對不起，我還是要說，也許類似於兩性的兩兩結合。因為沒有什麼可以來做一個更恰當的譬喻。它甜蜜。那種閱讀的快感，那種樂句似的你呼我應，你只能把它形容成「甜蜜」。

它有多倦怠、慵懶、搖曳和性感，就有多強大、自信、驕傲和霸道。像常說的那個詞「綱舉目張」，它延宕、閃回、十字插花、意識流，它不管不顧，把綱──它自己的順序、想法、情節、語境輕輕一拎，你就被它「唰」地拋了出去，大傘一樣，撒得大開，再朝回拽時，就是一大網豐沛沉重得幾乎拉不動的魚蝦......那叫人無法不深深沉迷和大被蒙頭的充足好眠的收穫，靈魂的收穫。它又那麼信任你，相信你一定能明白它的滿口「胡言」──「胡言」裡的藏頭玄機、通關密語、情報乃至情話......它和你彼此體貼還彼此撕咬，鎖骨，耳垂，臂彎，腳

踝......都是你們的敏感點。靈魂不可能不是敏感的，只要你還記掛著它，並存心依偎它懷。

靈魂啊，就是我們務實再務實、事事求回報、時時逐利益、以賺錢為當務之急、再也顧不大上了的那種東西啊。如你所知，即使我們賺錢的神經鬆弛下來，也會在亞健康狀態中惶恐地去追逐健康......我們拒絕不了追逐。這不應該嗎？很應該——因為我們只有一次生命。我們從來沒有像現在這樣關注過我們自己的財富和身體，關注皮膚、毛髮、指甲乃至肝、腸子、頸椎和胃。而與之相對應的流行文本們，充斥了中產者和準中產者的慾望氣息，打開物質浮華和身體的種種慾望——完全打開並不準備合攏。我們的靈魂卻從此徘徊於小川、窄巷，人生無味，高度自囚，漸漸被掏去了自己的精神立場，成為我們身體的幕僚，我們原本生而孤獨從而更添一層孤獨，從而成為一個比一個更空心的空心人......這不應該......不應該的——因為我們只有一次生命。

在這個時代，有誰想要去跋涉、去尋找和妄圖照顧在那慾望中沉浮的靈魂，就會被人恥笑為自討苦吃或無病呻吟。沒錯，有時苦是要討來的才終究甜到心尖，而每天靈魂無病也要呻吟上幾回，要不怎麼叫「靈魂」呢？越是在一個不相信靈魂的時代，生活越是物質化、冷漠化、沙漠化，一些人就越要安靜於一隅，或面壁而坐，或曲肱而枕，去思索一些人生的終極問題，去探究除了吃飯之外的思辨領域內的問題，最粗顆粒、最樸素的問題，諸如生的意義，理想的意義，人道和關懷的意義，責任和使命的意義，人類到底有沒有恆定不變的價值，人生有關快樂和憂傷的本質......等等問題。不能不承認，在物質慾望化的生活中，個體生命的獨特性正在消失，人難以忠實於自己。面對這樣的現實，靈魂帶著茫然、苦痛和憤怒，蹙眉質疑人的生存品質，嘯叫人究竟要到哪裡去......我們不明白那些生命裡的巨大的隱密和究竟，譬如死亡，譬如愛情，譬如內心荒漠中深埋的弘毅和渴望，人性難以想像和盡述的複雜和自覺......我們類似的迷惑、追問和情感流，在這本薄薄的、飄忽如靈樂的冊子深處，在它為你營造的漩渦裡忘我舞蹈，和我們的身體合而為

一，從而在這一段短短的行程裡，我們的靈魂之路掃盡一切孽障，轉悲為喜，天天是好日，眼前皆天堂……我們的靈魂藉由它，而走向了自由王國……這真是次美麗的閱讀體驗。

喏，就是眼前的文本，瘦瘦小小開本的冊子，並沒有時髦的腰封、嚇人的封底推薦語、大寬彩色插頁和明晃晃的精緻裝幀，寒酸得像舊時黃亂的髮上插著一根雞毛、羞澀不安、等著被後母賣身葬父的小丫頭。然而它直指靈魂。它本身就是個靈魂——詩性的靈魂的河流，奔騰而下，又絕不氾濫，代表了我們在生活裡無能為力的抵死反抗式的屈服，或相反。

它如此孱弱，孱弱得形銷骨立，左右搖擺，構不成一個完整、好看的故事；它又如此強大，隨便說話，胡言亂語，忽而遐想，忽而回憶——有時夢囈，就牽住了你的鼻子……它奴役了我們，使得一部絕不複雜的零度敘事漫漶成了一場肯定盛大的撒歡兒夢遊。所有好的藝術，說到底都是給人留了空間，自如呼吸，有如夢遊的。

它把思維的想像力、語言的張力以及靈魂的無限可能性，統統集中在一起，顛覆了我們的閱讀習慣和書寫經驗，擺弄瑣瑣碎碎的文字成一個剛到手上的萬花筒，迎著陽光或月光擺弄，看它所呈現出的潛力無法不叫人迷醉……它不完美，有時裡面透出的過分的散漫和自由和有點做作叫你無名火冒……可是，唉，可是，文學的力量是如此可怕，它以人的腦袋為靶子，把人一彈匣打懵，然後，你就被它洗了腦，空出整個軀殼，去裝它自己，並乖乖跟著它出走，有勇氣去藤蘿交錯、馨香滿鼻、昆蟲遍地、鳥聲高低的陌生的熱帶，直到走失……享受文學之外，最主要的，是它讓我們尤其堅定了一個信念並先導於我們的寫作：複製庸常是沒出息的（很多時候我們在複製庸常），創造和想像才是飛翔的翅膀。一個真正的寫作者當然是一個優秀的靈魂引領者，引領我們，去觀光「可能」。

他們屬於我們沈睡著的潛能的那一部分。他們抵達了潛能。他們醒

了。

　　唉，在時間的隧道裡，如果把這樣的文本們挨個請回家來，細心撣去上面微微盹著的細塵，卻不用管它隨著生命辰光而漸次淡下去的顏色，厚厚薄薄，錯落有致，隨便擱在伸手可及的地方，就不用睡覺，大可以一燈如豆地，酣讀一生。

驀然驚豔

　　——讀書筆記之十二：容量能量

　　這當然又是一本捨不得讀完的書。是掐著時間和頁碼、在接近最後一頁、要告別它時要露出十分惶恐神色的書。告別嘛，就是死亡一點點，當然要有些心傷。

　　它一次又一次把你拋入深淵——甜蜜而痛苦得都無邊無際的閱讀深淵。像可心可意、揪心揪肺的一個小提琴長音過去，你就半邊身子酥麻。

　　這種痛苦的甜蜜當然也是不可多得的——一要它好，二要你好，三呢，還要雙方有緣分——書和人的親密緣分不比人和人的親密緣分差多少。很多時候，你分不清這兩者的區別。

　　有時你為自身的這種特性而欣慰，有時又沮喪。

　　讀著書的時候就欣慰，並在讀書的間隙擡眼以慈祥的眼睛凝望著身邊流動的世界與遠處隱約的燈火。你很欣慰：我現在是一個好的讀者了。沮喪的時候，不過是合上書本，會覺得自己還僅僅是一個好讀者而已。那些似乎天外飛仙似的、多麼會寫的人教你覺得自己不會寫了，讓你覺得一直在路上，不敢有稍稍的得意和麻痹。這十分有趣，也讓人十分沮喪。

這樣的閱讀使人再次斷定：文學就其目的來說，是個體的寫作者激烈抗擊現實、抵達「不可能」和「未知」的武器，但最重要的卻並非目的，而是不斷創造更新鮮更好的形式。它的創作手法和飛快的變幻場景和人物讓你頭暈目眩卻目不轉睛。是的，二十世紀的大師們，在略略稀薄的文學空氣中，似乎集體以創新為第一宗旨，給文學界痛痛快快革了一次命，弄得閱讀者像翹起鼻子吸了一陣氧——不大適應，還打了幾個氧氣太濃時的噴嚏和微醺似的趔趄。

它得多好才能花氣襲人薰到了你？薰你到大聲讚歎它的驚豔之美？如閱讀者粗人一個，還大有吐口罵一句不雅詞彙的衝動——你也不是多雅的人。要知道，它給翻譯過了一次，就像給強暴了一次——譯者也夠難為的了，它的敘述方式本來就曲裡拐彎，內容又層層脫繭不絕，極簡的外部呈現和極龐雜的芯子在翻譯的過程中難免矛盾碰撞，偶而語焉不詳。而對於閱讀者來說呢，畢竟大家平時習慣了在中文語境下成長，而且你深知，沒有語言會比母語更好和更美。可是你同時也不得不承認：拉美作家總能持續不斷地震撼到你。看看吧，在這部只有一百多頁的作品裡，似乎在每一個小節都可以將敘述繼續下去，使它成為一部一千頁的書。因了種種客觀、主觀的因素，讀它是一件極考驗人耐心的事——心浮氣躁無法看，一打岔，一說話，便遁入五里霧中，不知所言何事，所道何物。每當遇這樣的情況，只好從頭來過，只當是認字，一字一句重新梳理，像管風琴梳理田野。於是，枯境倏去，佳景便來，如同愛情的來之不易更能夯實雙方的感情基礎，也是一大好處。它有著必不可少的情節的渲染、緊湊感、省略和隱喻，還有政治、愛情、歷史、鬼怪、革命、暴力、溫情、貪婪、機巧、宿命……這些一般講述者所能涉及的題材，作者幾乎全部都涉及到。讓人相信他的定論：「人」只不過是幽靈還魂而已，自然界的一切聲音似乎都可以看成是神靈的竊竊私語。

它因為洞幽燭微而源源不斷。

然而，公平一點講，它一句廢話都沒有。

很少有一個區域的作家像拉美地區的那樣，在短時間內如此集中地展現同一個主題（一個總是轉回去追憶而不是迎頭撞上的主題，被反覆吟詠卻長思不絕的主題）。或者說，作家與作家、作品與作品之間的題材選擇、敘事風格和創作手法上顯示出如此多的經驗的類通性。它還使我想起了伊莎貝爾‧阿言德、富恩特斯、科塔薩爾、博爾赫斯等一連串拉美作家的名字。它們神性和詩性共存。

這一本，同樣兩「性」皆備的《佩得羅‧巴拉莫》，像一棵瘋狂長大的樹，隨著讀下去的掘進進度和深度，咯吱咯吱地，在夜裡（你習慣在夜晚讀喜歡的書）躥個兒——許多年它不長，因為鄙陋而不夠努力的你壓根兒不知道它，而它這樣不可思議的瘋長，好像是打算一把奪回那些年盹住的時光。

你沒見過一棵樹有這麼大的勁，像發動了一場戰爭一樣，巨大的葉子呼啦啦迅速遮蔽了整個夏天。

這棵「樹」的被發現讓你對這個夏天都不得不感慨不已。這真是個讓人激動的夏天。

它的作者曾這樣講述其寫作動機：「……當我回到童年時代的村莊時，我看到的是一個被遺棄的村子，一個鬼魂的村子。在墨西哥，有許多被遺棄的村莊。於是我頭腦裡便產生了創作《佩德羅‧帕拉莫》的念頭。是一個這樣的村莊給了我描寫死人的想法，那裡住著可以說是即將死去的生靈。小說寫的是一個村莊的故事，在那裡說話的，生活的，活動的人物，都是死人……」對這樣一個恍兮惚兮、至少在拉美作家裡被嚼得爛俗的題材，他有著極大的敘述熱情和耐心，語言流暢而富有光澤，同時水泥地一樣堅硬、煤炭一樣原始。也相信你能跟隨和著迷。這部作品實現了他對小說的全面控制，從而不受縛於題材與情節，隨時在句子的碎片中找到詩意的存在，把粗顆粒的材料在需要來臨的瞬間組織成任何式樣，去捧現。我認為這是小說家的最高境界。他達到了。

喏，是的，這是一個孤單的孩子——胡安‧普雷西亞多受到幻想的

驅使，終於準備履行曾經向母親許下的諾言，回到了他的出生地「科瑪拉」。他在趕驢人的引導下，來到了這個他不曾有過一點印象的村莊（因為他很小就隨母親一起離開了這個地方）──科瑪拉，帶著母親的眼睛看著眼前的一切，希望能看到母親眼中的，有著「碧綠的平原」、「散發著蜂蜜芳香的」、「在那溫暖的天氣裡只聞到桔樹的花香的」科瑪拉。然而，他看到的是一座「冷冷清清、空無一人」的村莊。

事實上，他要找的父親──佩德羅•巴拉莫早已不在人世。現在的科瑪拉一切都被披上了死亡的外衣，染上了死亡的病癥。從他走進科瑪拉的那一刻起，只有鬼魂們在與他打交道（因為這個村子裡的人，死後沒有人為他們超度，致使他們的鬼魂終日在村子裡遊蕩）。他所要知道的一切也似乎只能從這些遊蕩在村子各個角落的鬼魂們的嘴裡去探聽……如此詭異，然而，這看似切合傳統的尋根情結、探險小說，實際上卻完全不是那麼回事。好的講述者是有本事把詭異轉化成花朵的靜靜開放和鴿子飛翔的呼啦啦的。它的整個推進充滿了高貴的氣息，像一棵大的白樺樹純銀豆綠色的樹幹上，一隻一隻深情的眼的低語。

事實上，關於《佩德羅•巴拉莫》最好的宣傳語出自馬奎斯之口：「我能夠背誦全書，且能倒背，不出大錯」。此言一點也不誇張。這部作品就是用來背誦的──唔，它是這樣一部緊湊、開放的、富有張力的傑作，以至於讓你無話可說──好像只有默默地去背誦，才對得起那樣棒的講述。

雖然全書所有人物都是已入土的死人，更準確地說是孤魂野鬼，雖然所有故事都由近似三姑六婆閒扯的口吻來講述，完全打亂了時間，每個人都在自己死前的記憶庫中以姓名為關鍵字檢索內容，你需要自行將一個個小故事拼接起來，依靠自己梳理情節。最初尋父的情節設定原來是用以給予、閱讀者一個由生人角度切入故事的機會，當你開始小心翼翼步入炎熱、空曠、死水一潭的村莊後，這條線索便由明轉暗，青年落葉歸根後，不得安息的靈魂一個比一個更快地冒出來敘述自己在世時經

歷的苦難。小說最主幹的線索其實就是一直間接出現的主人翁佩德羅‧巴拉莫，他是懸在村莊上空的魔咒，緊緊掌控著人們的命運，並在人們死後繼續籠罩著轉入地下的村莊。整部作品，就是貼著這個人物走的，所有的詞語和句子都為他而生。緊緊貼緊他！你的中心人物，你就和他一起呼吸了。這也是這部作品給你的一個小的體會。

這個又被通俗地譯成《人鬼之間》的故事，成功地掩飾了要你去尋找的什麼東西。它好像忘記了告訴你什麼。但你又能說它粗心麼？或許它的成功之處正是讓我們像捉迷藏一樣總是與隱藏之物擦肩而過，而一路上，又總是在你耳邊漫不經心地不停地暗示和提醒。這種迷幻是你想要的，它能給的。

這首先給了你兩個啟發：一是真正優秀的寫作者（包括小說家）是只要有慾望，任何題材都可以寫的人，他可以從任何主題出發，用任何手段，去完成和企盼傑作；二是他可以以最大化的敘述密度，在相互糾結的關係裡生發出某種意義。這意義就在於：我說著這個，其實指向那個。正像你一直固執地以為的那樣：無論哪個門類，一個好的表達人一定是個引領者，而不是潑婦似或怨婦的傾訴、發洩、批判和博得同情。他一定是在上面，神諭似的，給予點到而已的一「點」。竹筒子倒豆子不是最好的表達。

從第二個啟發說開去：就是說，任何一部偉大的作品，它的象徵，絕對不是作品中的具體事物所指代的那樣，或像批評家們在作品面世後恍然大悟的那樣，一、二、三、四地那麼清晰無誤。它所涉及的具體事物象徵的僅僅是它自己，或者說，它什麼都不象徵，而整部作品的象徵又無處不在。

不妨再進一步說，你由此可以認定：一個好的寫作者，就該不輕易放棄自己掌控的筆的自由，即書寫的自由。從手段到意義，可以失控，乃至放任，他可以有無與倫比的創造力，當然也同時具備無與倫比的破壞力——沒有一部傑出作品是完全寫實的——報告文學也不是。寫

作，說白了，就是實現那種「打破」、「重建」、「不可能」、「莫可名狀」......這些匪夷所思的東西。你是將軍，和王，率領閱讀者到那個世界去，迷惘、迷醉或洞徹、狂野。就是這麼回事......或許，每一個寫作者他本身就是一個說夢人？在可能和不可能、秩序和錯亂間款款道來、捋鬚而笑？

說回作品：在這部作品裡，生死無界的氛圍是那樣濃重而瀰漫，以至於你完全被搞得暈頭轉向，不知道故事到底是誰在訴說？尋找父親的人是男還是女？佩德羅•巴拉莫是好人還是壞人呢？什麼是好人什麼又是壞人呢？還有，人生是不是就是受苦呢？人與生俱來的歡喜和悲哀為什麼源遠流長而肉搏前行？它們誰又是那個最後的勝利者？......一切都不可確定，一切都懸浮在半空中。這樣巨大的能量，竟是一部小中篇的容量——它有容乃大。

就又意識到一個問題：好的寫作者，他在高度自由之外，還總是將細部修葺得最一絲不苟、最穩妥厚實的那一個——否則，就是精神病院裡最不安靜的那一個。情節的發展就像他掰著自己的指頭數數一樣出奇地順暢和自然，想像和真實幾乎同時抵達了你。而他，內化到精緻、準確到嚴苛的講述者，總是能像魯迅先生說珍惜時間擠壓「海綿裡的水」、像舊社會的惡霸地主壓迫長工一樣，以黑雲壓城城欲摧的氣勢擠壓出最多的力氣——就是那所謂的能量。而他本身的塊頭未必多大——也許還很小——但它所迸發出的能量一定是巨大甚至無窮的。因此，寫作者們最後的分別就在於他是「一小堆」還是「一大片」——一小堆，是指他的樣子，大老虎，沒多少動物不聞風喪膽，平時卻總是一副安靜收斂甚至笨笨的神情；一大片，當然就是「紙老虎」的樣子，猛一照面唬人一跳，風吹吹就倒了，兔子也能踩一腳。

另外，你還覺得一點百思不得其解：為什麼，往往是，一個從最小的最狹窄的地點出發的寫作者，他往往是走到最開闊和最遠？而不是相反？

這個問題太難，你打算在某個月亮最圓的夜晚，放下一應所有繁雜，在深秋的大霧裡，把自己收縮得像一顆心臟那麼小，去全神貫注地思索它，而後，蜷在親愛的文學懷抱似的大葉子上，做個好夢。

那些稼禾

（代後記）

——讀書筆記之 恩師師恩

一

為什麼，我想一想我的樹，就忍不住了熱淚？我是如此地想念她們，以至於非要把一個好大的花盆用手挖了土，栽種上一粒種子，草本的花木。每日看她，發芽了，我就灌溉，欣喜若狂。現在，她在我的陽臺上，像一個漂亮丫頭，日日瘋長。

我把她叫成「我的樹」。

我開心了，看看她，就更開心；不怎麼開心了，看看她，就開心了。我不曉得這是什麼緣故。我因此更加開心了些。

就這樣混沌著。好多時候，好多事情，混沌著比清醒著更愉快似的。那就混沌。

對於窗子外面蜂擁而至的夏花，她什麼都不關心，只擔著自己盡氣力向下扎根這一件事。她生長得十分有序，慢慢長成教養良好的閨秀——葉子是一對、一對、對應著長的，像一對一對恩愛的小愛人，誰也離不開誰。幾乎是每天早上，她頂端的那一個花苞樣的綠骨朵，就綻開一對嫩嫩的新葉，馱著兩顆相互蓋著盟誓印鈐的小心臟。十字插花般，一天一個樣兒地水靈、豐腴起來。深長的睫毛一樣，它們上面都有著毛

茸茸的小刺，青氣四溢。

每每對視，我們都陷落於對方睫下。

有時，我會吻一吻她最頂端的那一對葉片——幾乎每長出一對，我就吻她們一次。

因此，每一對葉片都有我的愛在上面。

她靜著就工筆，風吹吹就寫意，沒有什麼比她更好、更美麗。

出差一個禮拜，之前交代家人，乾透澆透，否則根會被泡爛的。一俟歸來，我竟一改放下旅行包即擦地板的動作，直接去陽臺看我的「樹」。天！也許家人太聽話的緣故，她乾得透死了！幾乎「口唇焦裂」：葉片像睡熟的黃狗，耳朵耷拉下來，最頂端的綠骨朵也縮著身子，竭力保存著體內的水分……我立刻接水澆上，她咕咚咕咚喝下去，完全不顧一個姑娘的體面和教養——哦，她當然是一個姑娘，並大眼明眸，風姿婷婷。那模樣可真教人心疼。

這之後，我在擦地板和自己洗漱之間，每過5分鐘便怕怕地察看一番她的臉色和樣子——她開心了嗎？她舒展了嗎？精神一些了吧？不會有什麼事情發生吧？……那一個小時做家事的時間裡，我像擔憂一位親人的冷暖一樣，為她焦慮不安。

……當然，很快我就笑了：她的雙雙的葉片，重新挺立，乾淨透明的小裙子一般，在我的眸子裡閃著油滋滋的光亮。

我相信，她們之所以如此活潑和安寧，除了陽光和水，有好大一些是因為我的愛的緣故。

真心傾注在所愛，是愛的植被永遠汁液飽滿的奧祕。萬物皆如此，何況植被這個明喻本體？

至今，還不曉得她叫什麼，開不開花。她像一個大秘密。但這不重要。她美著就好。

......還想念莊稼。

我看電視，除了好電影，主要看央視7套的「農廣天地」、「致富經」和「科技苑」。看得夠多了，可為什麼，每次看它們，還是每每激動得要撲給田野？昨天看的，也看過多次類似的農事種植推廣，仍忙不迭地做起筆記：

選種子—浸種子—用過錳酸鉀給種子消毒—整土做畦（用大的犁耙平整土地）—用小棍子和地熱線分開壟—用大木板輕輕攏平土—灑種子用噴霧澆水（得多溫柔？不能直接潑水——那太粗暴，必須用噴霧；不能多，怕沖了種子；不能頻，怕漚了種子）......唉唉，這種節目，平鋪直敘，述而不論，卻惹得人難過和牽掛。

一晃，都芒種了。今天，把廢棄了一個大花盆整理出來（好髒的，一直在走廊裡。我這個素來有點潔癖的人，簡直是嘔吐著肥田的——得先弄肥了土對吧？），想種一棵玉米和幾棵大豆（圍在邊上）......我不為收穫，只為開心——這樣侍弄她，就開心得一直哼著歌兒，像心底流淌著一條溫暖的河流。

當然，更沒有藝玩的意思。一絲都沒有。

像我對我的書寫，完全為著我的心。沒有一絲的諂媚和博取之意——如果說最初的入展和發表還有喜悅的虛榮在，那麼，母親的事情之後，那一絲虛榮早逝去無蹤。

我種植也完全是為著我的心。

這當然是一場再鄭重不過的種植，如同一場再鄭重不過的戀愛。

陽臺沒有燈。每到夜晚，我站在那裡，便會聽到她「刷拉」「刷拉」的細細的笑聲，在空中抓一把，甜津津的。我曉得，那是她在騎著露水趕路。

聞弦歌而知雅意，經由她一句「咿......呀......」練聲，慢板起調，和

聲四起。

因為她，我坐擁了天下莊稼，並用日日更新的牙齒，咀嚼著有關她和我的幸福。

我看她是森林，她看我是全人類。或者乾脆倒過來：她看我是莊稼，我看她卻是人──她如此安靜、守常、一言不發，我們如此喧鬧、浮躁、沸反盈天......唉，她分明比我們更像人一些。

學她的樣子，一言不發。再看下去，看得久了，她我便疑心彼此同類。我們如此親密，炸都炸不開。

她要一點維他命C片，和乾透澆透、可以不必天天惦記的一點水；我要一隻筆，和儘量少、不必飽、可以每日兩餐的一點飯。我倆所需都不多，整日整日地不說話。

可以天種天收、可以自給自足、用最少的形體、部分的羞澀、儘可能的純潔、以及幾乎全部的沉默來活著的那一類。

她是我的烏托邦，我的夢想。也許我也是她的。

如是：她還沒有發芽，我已和她同體──同了那個清新自然溫柔和平的生命本相的身體。

彼此飼餵潔白的貞靜和忠誠，內心還存留了感激，以至歉意。

就這樣，她和我們對了臉兒默讀，莫逆於心，面沉似水，卻深知彼此是彼此手指上的火把。

她因此重新生養了一次，我們因此再次獲取了從我們身上出走的力量。她和我們相互孕育，彼此分娩──哦，這是多麼的不可思議和教人驚喜。除了最美麗的那種愛情，似乎沒有什麼可以做得到。

二

我們一不小心就買了這麼多的書，文學名著、畫冊、字帖和有關藝術的書。

即便已經讀了10遍、20遍、30遍……半輩子，她們依然可以像拍死一隻蚊子一樣，把我們輕輕巧巧就撂倒在她們的石榴裙下。我們被她們奴役了。

或者說，收留。

不同的母親生下了不同的我們，而她們，是我們同一個的養母。

母親們是我們人間的母親，暫時的母親，她終究走遠，去到她獨自享用春光和溫暖、不用再勞碌和操心的地方，母親呵，母親，她如此心急，哪管幼小的我們不捨的目光，甩開我們挽留的手臂，無視我們呱呱追跑的小腳，無聞我們無望無告的泣哭……哦哦，我們痛別母親後，望向她消逝了背影的轉角呆立許久——許久也還是要轉身的，因為在這許久的佇望中，兒童的我們已不覺過了青春期，身體已長到母親那麼高，心靈也已蒼老無比。到絕望時，我們轉身，紅腫著眼睛和腳踝，不顧一切，撲向她們的懷抱。

她們的撫愛使得我們的憂傷變身為微笑，那些每每淅瀝細雨、大雪滿天都會打回憂傷原形的微笑呵……她們是我們天上的、永久的母親。收留吧。

她們蒙以養正，養我們勞累呵，累得這麼老了，老掉了牙，我們卻如同愛她們的照片一樣愛著她們，像她們紅顏不老。我們當然不在乎她們今天在他們眼裡已略嫌過時的衣裳。他們？不愛她們。當然，她們更不愛他們。

他們不配。

她們是一些真正的射線，準確地、源源不斷地發射給我們，具有打通我們的一切感官的能量，我們因此獲得了放肆的想像。讓我們感到，人生在世莫大的愉快也不過如此。事實也的確如此。它比一切其他愉快

都更愉快。這是他們——沒有閱讀經驗和優質閱讀文本經驗的人是無法想像的。這是傳達者和接收者的雙重勝利。

她們有時更像一個月老，那個著名的靈媒人物，高高在上，明睜大眼，並看見一切，洞察一切，拋出紅線，準確地縛住我們的手腕和腳踝，將我們和我們心儀的物件一一綁定，結合在一起，獲得幸福。我們任何一對統統被這熱辣海潮似的幸福打懵，醒來後，我們不約而同深長歎一口氣——因為誰都曉得了：我們將幸福終生。

這突來的幸福是如此之劇，第一次的痛和醉一樣劇，以至於完全值得為它哭上那麼幾回。

我們當然不在乎他們蹲在路邊的譏笑嘲笑訕笑皮笑肉不笑。

不用表白，甚至不用辯解——善不用辯解什麼，也不用躲，只有惡才喋喋不休，步步進逼。

可回轉身來，面對她們，我們意興飛湍，激切不禁，我們語無倫次，言不及義。我們愉快，乃至幸福。

因為這樣幸福，我們充滿力氣，沒有什麼可以將我們輕易打倒。好像可以這樣過下去一百年。

我們因此多活了足夠一百年。

三

因為她們。我們幾乎是一切。我們無所不能。

她們是什麼，我們就有什麼；她們賜予什麼，我們就開放什麼；她們愛著什麼，我們就愛著什麼。恨也同樣。

為了她們，我們可以饑腸轆轆、衣不蔽體地跋涉，胸中鼓蕩著什麼，天天都像發著低燒。我們不知道，如果沒有她們，我們將拿什麼去

安頓我們的靈魂？

為了她們，我們發明了事業，開一條江河，順著波峰浪谷，用一生的時光去沉浮；為了她們，我們發明了愛情，鑿一個洞穴，穿越堅硬與柔軟一往情深；為了她們，我們發明了藝術，融化於花與葉與根的美與堅韌；為了她們，我們發明了宗教，設計了升入天堂的秘密通路......因此，所有的苦痛和災難都可以避免，所有的罪惡和不幸都不會發生......所有的美好都將長久留存。..

我們能夠放下什麼，我們又能超越什麼？

生命的盡頭在哪裡？是山的那邊還是山本身？是海洋？是終點，還是輪迴的起點？不曉得。唯一可以肯定的是：她們在那裡。一直在那裡。這就好。

缺什麼？須貢獻什麼？......哦，要犧牲的。一定有。那麼，來取。

須貢獻我們的骨骼、血液？有短劍、長釘，木枷或十字架等在前面？可以。

有時也脆弱，譬如，因為痛，差點就轉過彎道，加入了告饒、長跪、朝覲與歌頌的佇列。但羞愧的淚水從天而降，洗刷掉我們差點成為的恥辱，我們繼續跋涉，哪怕芒鞋踏破，打了赤足。

只有痛過，以血祭了，昭示了貞潔，她們才放心了，信了我們的忠誠，才肯化作我們的飛毯，以笨伯之軀（親愛的她們呵，總在孕育）領航，載我們飛行。

四

勞動。是的，勞動。這是唯一使我們如此不知疲倦的理由。

不停歇地勞動，並尊重一切勞動，似乎心跳一樣，不離左右。

我們因此有了夥伴。

他（她）當然一樣粗手大腳，赤棠臉色，玉米或高粱的刀片似的的葉子把脊背縱橫劃成皴染美麗的畫圖，水稻或麥子母親呼吸似的馨香把鬢角撫摩愛撫成悠長動人的樂句……哦，母親！

母親深恩一般，她們血衣漿胞地生下我們，顧不得洗淨頭臉，便腳步略略跟蹌地，捧著、追著見風就長的我們，教我們牙牙學語，蹣跚學步，並用小鐮小鏟，學著勞動……這當然是我們又一次的出生。

我們的母親和恩師呵。

在這大地上，我不知道還有什麼，能比得上她們美麗，美麗得教我們禁不住流下淚水。

就這樣，一群夥伴，我們，呼喚著彼此，憶念著她們，開始了我們的長征。

那樣的勞動，怕不就是長征？高天厚土呵，一壟一壟，長得連上了天的地壟，點種、插秧、鋤草、收割……都需要彎腰成弓、恭敬恭呈的長征？

有腳，長征無非路；有手，勞動也是歌。

當然，有時也怕。

怕蟲災肆虐，怕大寒大旱，怕種子長來長去怎麼看怎麼像秕子，怕收穫時節稻草人無論如何嚇不住燕雀的攀食禍害……可是怕又有什麼用？只有用更堅實的勞動去頂。

要灑下最懂得自衛的藥水來頂住那蟲，要廣罩最懂得照拂的大棚來頂住那寒，要引來最懂得滋潤的河流來頂住那旱，要細選最懂得謙遜的種子來頂住那秕穀，要鑄造最懂得警醒的洪鐘來頂住那燕雀……要噴桿、灌根、掰杈、壓枝……要勞動。要像一粒汗水向一粒麥子行進的勇敢和堅定一樣地，黑夜白天，不停歇地，勞動。

當然，手中繭子會更厚實，額上皺紋會更深刻，腰背會更弓如彎月，笑靨終將老成簫聲......但是，難道如此就要放棄勞動嗎？

不勞動的我們，怎麼敢回望她們的目光？兩位值得終生感激的、無論老去還是離去，都永遠在回望我們的、生身母親的目光的目光？

我雙重的生命，凝重而輕盈、豐滿而娉婷的身子和心靈的來臨，原來全是為了她們──她們和她們。

五

是的，我看不到大地。我只看到你。

你一株一株，或一束一束，立在這裡那裡，踏著腐植，抓緊大地，不移動半步。

你如此多稜，每一側面都不同樣子，且彰顯斑斕，且啞光潛隱。

你雄壯就木本，溫情就草本；你俊朗就喬木，敦厚就灌木；你無花就驚鴻，有花就風鈴；你呼喊就爆裂，綻開身軀，不惜露出顆顆紅心；你肅靜就盡斂，收束腰身，森嚴包裹粒粒珍珠，除非剝開層層寒衣......你鬍渣犀利，粗糙銼刀，就硬漢；你美髯飄飄，柔軟甜鬚，就哲人......你轉身，就女子，說婆娑就婆娑，說婀娜就婀娜......是的，你是白樺，是合歡，是銀杏，是紫荊，是須蘭，是串紅，是石榴，是玉米......這大地上，凡有根鬚的，都是你。

你被子，就含蓄；你裸子，就摯誠。

你鼓一鼓臂上肌肉，就光合作用，就葵，就普照；你現一現心底慈柔，就細心滋養，就藻，就潤物。

我在雨裡撐著傘，還嫌風硬，冷得抖；你在風裡，橫眉冷對，自己做傘，從沒怯懦。

你匍匐下，就是海——草也是你；立起來，就是山——松也是你。

你多長啊——你至柔在非洲的熱帶森林，300多米，是高山仰止、無數打著圈圈不定氣根盤旋上升的白藤；你多高啊——你正直在澳洲的原始濕地，100多米，是愛上層樓、鳥在上面歌唱如蚊子振翅微弱的桉樹。

你是戰士，在菜園、果園......田園周圍，變身質樸的木槿、勇敢的枳殼、持槍立正的女貞以及熱情四溢的三角楓，做著不辭辛勞護衛著的綠籬；你是少女，在花圃、果圃......苗圃群裡，變身端麗的百合、頑皮的石竹、性情綿軟的海棠以及清平澄澈的水仙，做著努力開花勞動著的紅顏。

寒冷、酷熱，不怕的，什麼時候沒有你？你忍冬，渴飲清露；你伴夏，飢餐罡風——你美好而無窮的能量原來來自「不怕」。

你不怕，我就不怕。

其實，也可以說成：我不怕，你就不怕。

「不怕」，就是我們彼此示愛的關鍵字——簡直就是我們彼此示愛的唯一的詞彙。

我是你的祖父和玄孫，也是你的女兒和母親；我是你的妻子和情人，也是你的丈夫和兄弟。

別管頭上有些什麼，樹冠還是花冠——我當然也有著鐵打的肩膀，分擔了你的一些負重在上面，還用力散發些創造著必然散發出的、熱騰騰的香氣。

你是男子。你是女子。我也一樣——可不單單是眾人口中薔薇凌霄溫軟嬌弱女小姐。

唉，說到底，其實不用多好，也不必多——你的靜默沉著，不發一

言，僅此一項，就足夠我愛上。人和你的德行如何能比？又豈是人可以習學來的？哦，叫囂的人，輕浮的人，軟弱的人，暴戾的人......該複雜時簡單，該簡單時複雜；該聰明時糊塗，該糊塗時聰明；該高尚時卑鄙，不該卑鄙時卑鄙......我們低級的人吶——包括我——外在得可憐。這是你——叫做植物的、我們需要仰望才得以望見的高級生物所不可想像的。

你佈滿所有，包括我的身體；你是一切，包括我的愛情。儘管你錯過了我的年華，錯過了我轉世時一閃而過的臉頰——從那一季開始，那個又收穫又播種、金風颯颯的仲秋開始，我當然也成為了一株植物，一株你年輪之外的晚生植物。這多麼榮幸。這難道是真的？

我看不到大地，我只看到你。

六

來，請你，請你把一千噸月光狂飆一般為我傾瀉下來，深深掩了，並等待。

等待軟軟的風的腳丫，踏過，癢癢地觸著了；等待斜斜的雨的眼波瞟過，漾漾地皺起來，等待你墒情馥郁、蠕動飽脹的大散曲，力拔千鈞、鋪天蓋地譜寫起......等待我的醒來——你磅礴寫詩的歲月，我才從老舊廢棄、花紋好看的河床上惺忪睡醒。

我靜靜地躺在黑夜裡，好像一匹展開的綢緞。

星光照耀，月亮像鳥兒一樣，動聽地鳴叫。

你把青草翻開，簇新的泥土味道在陽光下綻裂。野草子靜靜開放然後凋謝。有清脆的布穀歌唱聲聲，在寂靜的空曠中迴盪。

餓了你來飼餵種子——那種子是粒粒精選的，飽滿，渾圓，潤澤，頑皮；金黃，乳白，赤紅，醬紫......那些繾綣的體態和顏色，全部都給

我。

　　渴也不怕，你在身邊——即便你離開時也都在，滿天滿地……從施肥到間苗，從鬆土到鋤草，從血液到汗水，從醇酒到旺泉，那些伏身弓腰流淌噴薄……全部都是你。

　　我能給你什麼呢？只能捧獻一點薄粥，略潤你因熾烈而枯乾的喉嚨，遞上一方帕子，擦一把因勞作而染塵的口鼻。

　　不過，你終究領受了，我薄粥、短帕的全部情意。與有情人做快樂事，苦也罷累也罷，又有什麼關係？你口中的糧食和水，那都是我。

　　唔，他們啊，每一個都有小名兒：玉米，稻麥，紅豆，高粱……都是精壯壯的兒子，踢打得有勁兒。我習慣於用世界上最輕的聲音呼喚他們的小名兒，在他們還在我煦暖的子宮裡酣睡的時候。

　　——是的，我是大地的子宮。我是田野，你千里跋涉的溫柔——你在我身體的田裡，已往返萬次（哦，還將往返萬次），那里程怕不早有了千里的遼闊，以及抵達心房的芬芳？

　　當然，也會有一枝濕淋淋的桃花、李花或梔子花在我的軀體內孕育，如晚風中的鴿子撲拉拉開放了飛翔。她的子房和花柱將遍佈顫巍巍的可愛絨毛，燈籠一般照亮我的體內……哦哦，她當然是細嫩嫩的女兒，粉嘟嘟著水滑的小臉龐，圓滾滾著肥厚的小腳丫，等我特別輕柔的撫摩，和血泊裡特別漫長的臨盆。

　　那時，定有你在身邊，萬物作響，這全部來自你胸口的聲音，響著無邊的熱愛和熾烈。你因日夜不停歇的勞動而顯得特別壯碩，鬍渣荊針般倔強，額紋地壟似深沈，可你醉了一樣地微笑，露出缺失了一顆的牙齒，並用花朵一樣開滿厚繭的、河流般渾濁的大手，為他（她）們慈愛地摩頂、洗禮，止不住地親吻他（她）們——唔，還有……親吻我。

　　嗳，我簡直能看到你脈絡裡清晰流動著的精靈呢，它們一直一直一

直一直……就隨了清風滲透進我心深處，把最柔軟易感的那一處彈撥出圈圈漣漪……也終於讓熱愛無處泅渡，在這樣杳渺的大地的中央。你血流充沛的萬馬嘶鳴傾注在我的身體——哦，我會為你把身體全部打開，地氣蒸騰。

也許會有暴流如注洪水滔天的時候，但那我就退縮了麼？不，因為有你和他（她）們，我手上油紙傘樣的菟絲子會擎得更高更堅定。

當然也不能排除天氣酷旱，長河斷流，而大地龜裂那樣的陣痛只能讓我躬起腰肩，以口中津液，和深吻，來滋養你和他（她）們，來驅趕那撒潑的蠻荒。

更不是總有春風喜雨，四個季節有四種不同的甜蜜和折磨。我甘願領受。我只在意我為哺乳所準備的一切是否周全——我熱騰騰、香馥馥的身體日趨豐腴，如同秋天的穗子一樣潛隱沉著。我口唇潤澤，胸部脹滿，粉紅了雙頰，甜柔了心地……朔風剛硬，偶爾會鈍傷我的耳膜，但有什麼關係？指尖溫軟，我就能感受你飛翔的翅膀。

我靜靜地躺在黑夜裡，好像一匹展開的綢緞。

星光照耀，月亮像鳥兒一樣，動聽地鳴叫。

七

靈魂啊，就是我們務實再務實、事事求回報、時時逐利益、以賺錢為當務之急、再也顧不大上了的那種東西啊。如你所知，即使我們賺錢的神經鬆弛下來，也會在亞健康狀態中惶恐地去追逐健康……我們拒絕不了追逐。這不應該嗎？很應該——因為我們只有一次生命。我們從來沒有像現在這樣關注過我們自己的財富和身體，關注皮膚、毛髮、指甲乃至肝、腸子、頸椎和胃。而與之相對應的流行文本們，充斥了中產者和準中產者的慾望氣息，打開物質浮華和身體的種種慾望——完全打開

並不準備合攏。我們的靈魂卻從此徘徊於小川、窄巷，人生無味，高度自囚，漸漸被掏去了自己的精神立場，成為我們身體的幕僚，我們原本生而孤獨從而更添一層孤獨，從而成為一個比一個更空心的空心人……這不應該……不應該的——因為我們只有一次生命。

在這個時代，有誰想要去跋涉、去尋找和妄圖照顧在那慾望中沈浮的靈魂，就會被人恥笑為自討苦吃或無病呻吟。沒錯，有時苦是要討來的才終究甜到心尖，而每天靈魂無病也要呻吟上幾回，要不怎麼叫「靈魂」呢？越是在一個不相信靈魂的時代，生活越是物質化、冷漠化、沙漠化和娛樂化，一些人就越要安靜於一隅，或面壁而坐，或曲肱而枕，去思索一些人生的終極問題，去探究除了吃飯之外的思辨領域內的問題，最粗顆粒、最樸素的問題，諸如生的意義，理想的意義，人道和關懷的意義，責任和使命的意義，人類到底有沒有恆定不變的價值，人生有關快樂和憂傷的本質等等問題。不能不承認，在物質慾望化的生活中，個體生命的獨特性正在消失，人難以忠實於自己。面對這樣的現實，靈魂帶著茫然、苦痛和憤怒，蹙眉質疑人的生存品質，嘯叫人究竟要到哪裡去……我們不明白那些生命裡的巨大的隱秘和究竟，譬如死亡，譬如愛情，譬如內心荒漠中深埋的弘毅和渴望，人性難以想像和盡述的複雜和自覺……我們不明白，也守不住了。

<h1 style="text-align:center">八</h1>

守住。我輕聲咕噥著，也提醒自己不要沈沈睡去，在這很容易就睡去的子夜。

因為有肥胖的田鼠會一縷魂魄似的溜來。它們還不像他們，他們不過動動嘴巴，嘲弄、汙蔑、威脅、恫嚇而已，它們雖然也不過動動嘴巴，卻是要狠狠下口，啃食、撕咬、嚼碎、吞噬的。

不光啃食、撕咬、嚼碎、吞噬果實，還要啃食、撕咬、嚼碎、吞噬

青苗、花朵、根鬚乃至種子。

哦，種子，那是她們呵，我們的生命裡的鑽石！戴著漂亮的碎花頭巾、一不留神便笑成沒邊沒沿的春天的種子呵！

撫摸著她們嬌弱、蒼老的軀體，她們潔白、瘡痍的心臟，她們雄邁、溫柔的血脈，她們堅強、無依的未來......我們的心不由得柔軟如緞，並大睜了雙眼，並航標一樣轉動，希圖在黑暗的大海一般的麥田裡搜索到那罪惡的源頭——昏暗、亂動、竊喜、好色的眼睛，以及尖細、彤紅、翕動、垂涎、幾根稀疏的貪婪鬍子難看地翹動著的嘴巴。

守住。我再次叮嚀自己，像遠行前對美麗女兒的囑託和對與她相伴的同路人的拜託。我是如此忐忑不安，放心不下。我們已經經不住失去。

霧靄也漫過來了，扯天扯地，不要命地迅跑。當然是想在最暗的時刻為那些嘴巴做成最有力的屏障，和偽裝。

是的，偽裝，它們可以給霧靄打扮成身著燕尾服的紳士、身著動輒數萬人民幣或美金休閒裝的商人、身著花花襯衫的大藝人、身著筆挺西裝的小官人......我得日日夜夜大睜了雙眼，識破這天衣無縫的偽裝。這太難了，也太睏倦。我幾乎再一次想到退卻。不一定投誠、卻一定昏睡的退卻。

哦......不。絕不。戎裝好看，哪裡抗拒得了它的誘惑？誘惑有壞誘惑，也有好的。我愛了這好誘惑，也必愛下去，才是唯一的、光明的出口。否則，愛要如何宣敘？又拿什麼盛放？

也沒有理由要求夥伴的替換。我剛上崗，武器還沒擦亮。況且，看看夥伴們巡視一天、疲累得東倒西歪、懷抱槍支、席地蜷曲、草草休憩的身影，我的心疼痛難忍。

他們不是出生在城堡裡有著金色頭髮的王子（公主），也不是崛起在馬廄裡能一掌拍死頭灰熊的騎士，或只懂得在飄窗前把玩著金蘋果

等待戀人親吻的女孩。他們是最平凡的孩子，只因為血脈賁張的驅使而來，並被分配了武器。我愛他們。

還記得，剛來時，一個軍用水壺，我們推來讓去；一件禦寒衣裳，我們各披了半爿……你的飢渴，我掛念；你的體溫，我揣上。夜無邊啊，我全沒忘，全沒忘……夜好冷好長！牙齒在戰抖，雙腳麻木，頰邊也掛了霜……沒有關係。我知道，你知道，我們因為這同一個的心愛，將相互體恤，將永不分離。

忍住，忍住……要忍住那樣的疼痛，就需要這樣明亮的眼睛來守住。守住收穫，尤其是種子。

守住，就會用明亮的眼睛逼退昏暗的眼睛，和那隨時一哄而上糟蹋一空的嘴巴；守住，就有天亮，和天亮後「轟隆隆」的收割的機器方陣，來收穫我們的收穫。

守住呵……

九

突然地，我就盲了。

看不到，一切都看不到了。你的壞，你的好，你的霸氣的舞蹈，無敵的笑，你的溫存的眼波，可愛的嘴角……蒼天見憐，還餘了你葵一樣鮮麗明亮的氣息裝在我的鼻翼裡，不曾散去。它甚至越來越濃郁，越來越擴大，充塞得我無法呼吸……而自由的呼吸，對於自如的歌唱或舞蹈是多麼的重要！……我是一名舞者啊！

我多麼慌張！

如果一定要盲，那麼就該在看到你之前盲掉才是啊，如此我才能看不見、觸不到、記不得，你的容顏。

你在哪兒？你，在哪兒？？你，在，哪兒？？？……我的親密的、另一個自己一樣的舞伴？

每天我都想著你，默念你的名字，用無法忘卻的我的心意，用來不及的絮語和訴說。

每天都說沒事沒什麼，可為什麼，簡直忍不住了熱熱的什麼？

而荒原寂寂，除了我自己的一迭聲慌張的問詢，連個回聲都沒有。

沒有人曉得你去了哪裡。甚至，沒有人曉得你是誰。連探聽都無從探聽。

不是沒有等待，等待了，在這長長的夜，我在風雨裡，夾了胡亂塞了幾件換洗內衣的包裹，在街角邊，你來時必將經過的地方，瑟瑟抖著，等你回來拍一下我的肩，我便跟隨你，隨便走到哪裡去。可是，是不是因為夜太黑，風太硬，雨太冷，路太滑，你回返的身影才終究仍杳如黃鶴？

你有什麼樣的苦楚和無奈？要如何傷悲才能如此決絕？你的眠食是否晨昏無序？怎樣才能撫平你的傷痕？你去的遠方到底多遠？什麼時候才是歸期？是不是你像研製秘密武器的那些職業人，因肩負了不可說而必須做的神聖使命，守口如瓶，如同永遠的單身漢一樣，辛苦、孤單地悄悄隱匿？……也許，你注定要遠走，正如一些人注定要找尋。

我的心痛得流血，淚水洗白了天空。

也曾有醫家來醫我，別的舞伴來就我……可是，那管什麼用？只有你能醫我，只有你能伴我，翩然起舞。

雀麥草從來沒有停止過生長，夜晚也一樣——每一秒鐘我都在思念你。

那思念如同蜂子炸窩，窮兇極惡。我無由抵禦。

也曾試著忘掉，全都忘掉，一絲都不要存留有關你的記憶。於是，

把桿成了我每日不離左右的手杖。可，我的拼命練習不過讓我更深刻地記憶著你。

沒有任何辦法。

於是，我手執好心人遞來的盲杖，上路，把你四處找尋。身子堅定無比，心卻左右徬徨：如果不能找到你，我要怎樣才能胡亂挨過剩餘的生命？

如果沒有過看到，就不會曉得看不到的苦；如果沒有過對視，就不會曉得懂得的可貴......那潤物細無聲的眼波，那小荷才露尖尖角的心意，我都明瞭......可是，可是......我盲了。

我在白天走，在暗夜裡行，為了嚇住犬吠狼嗥，更為了自己壯膽，我大聲歌唱——那實在不像個歌唱，任誰聽了都要停下手中活計，淚流成河。

我找尋你的蹤跡，分辨你的聲音——世界廣大，紛紛擾擾，到處蠻荒，喧囂四起......要怎樣才能看到你、聽到你、讓你再次看到我、聽到我？

盲杖「嗒嗒」，配合我的心跳。它艱難探取著方圓一尺的範圍，我的心卻隨這聲響，飛翔得渺遠無任。

有時會跌倒，臉頰也會被戕傷，結了疤，再掉了疤......頭髮一百年沒有清理過了，她往日的秀麗光亮柔軟青紆，都化了醜陋滯澀鐵硬辛酸......唉，儘管我曉得你愛我不僅僅是因為我的美麗——當然不是——可，我還是希望你看到的是我好看一點的容顏。

糙陋的鞋子早破損得丟在道邊，腳趾已經在滴著鮮血——它們曾經多麼嬌嫩和白皙，今天就有多麼粗糲和黧黑。除了荊棘和水澤，也難免會蹭到泥淖和糞汙，還有孩童們有意無意的譏笑和擲來的瓦礫石塊......因此，它們還挾帶了不潔和羞辱。

但為了找尋你，我怎能不忍了疼痛和心傷？

相信嗎？縱然失掉雙足，我還是能抵達你。

沒有人比我更深刻地愛你，即使，終究，我們注定要分離。

只要找到你，不管南北東西，在我就過往一切都如甘露。

一飲而盡。

可是，對於你，我是那麼在意，在意得小心翼翼仍提心吊膽，在意得低進塵埃仍自輕自賤，在意得冷汗涔涔仍懷中抱冰，在意得雖焦渴無比仍捨不得飲你半滴——你當然是我的甘露。那樣神聖的天賜。我對自己毫無辦法。

我額上層疊的皺紋和唇邊白灼的燎泡為你而生，全為你而生。柔情也一樣。

我像一個魂靈，漂浮在找尋的路上。

這找尋似乎無邊無際，卻也近在眼前。依稀的記憶裡，你的樣子清白如昨，即便此刻，你的衣袖也伸手可牽。

這找尋終將獲得報償。

……

十

有你照著，我是多麼齷齪啊！每每被你托舉、旋轉、輕擁、粘纏，和你對視我都羞赧不堪，整個兒的人都低到不能再低——你清亮亮的眼波使得我無法實施曾有的、無法說出口的怯懦。

你知道，很多時候，怯懦比正義更容易，和有誘惑力。

在明瞭我們是什麼之前，我們是不是先要弄清我們不是什麼，我們

拒絕什麼，我們必須放棄什麼？……而拒絕和放棄，是多麼難的一件事——它比掠奪還要難上千倍。你不得不承認，人類本身很多時候是讓人沮喪和失望的，沒有誰可以扭轉人類的終極。我們所要做的，只能是：管住我們自己，拒絕或放棄。

幸而還有你照著，我才知道我不是什麼，並有勇氣拒絕和放棄，不把自己賤賣給粗鄙的生活，從此，不得墮落——或墮落得不至沈入谷底——跟他們一樣。

有時，我聽到路邊歇息的馬「噗噗」地打鼻，便想：那馬的名字是不是叫做明駝？千里追風？那主人他……他是不是俊逸逼人，是不是你？

因為護你在心，做月亮，照耀四海，我便不怕了撲入眼底的砂粒。那日，世界收束了光芒，陰霾籠罩大地，風叫得淒厲，雨在哭泣……山路泥濘，傷痛難忍，我坐下來，不由得低頭暢哭一場，雨順著我的眼睫飛流而下……可是，淚俟擦乾，我就上路。

當然，要找尋你，除了跋山，還須涉水。可是，到得水邊，只覺一隻粗壯的胳臂，鐵一樣，攔在我胸前，一個聲音冷冷地說：「先裝貨，後上人。」

哦，這當然是那個名字取作「物質至上」的舵手，認錢不認人、錢多不咬手的舵手。他憑藉什麼成為了舵手？難道全只因那隻粗壯的胳臂？……還沒等我想完，很多聽暴戾聲音便知紅著眼睛的人就像「鐵達尼」號上的最後一班旅人，爭先恐後地去擠那隻船，唯恐自己被漏掉，有的甚至踩了別人的身體，推開婦幼，以期獲得自身的拯救……而那天一樣大的船啊終將傾覆。

雖然我是那麼想渡去找尋你，但我摸索著岸邊繩索，毅然大步退後，聽船聲迤邐，喧嚷遠走……身邊，春天綠得幾乎跳起來，扯我裙裾，使她飛揚。

我收拾心情，重整衣袂。我知道，你要的，是同伴而不是同謀。這意義遠比找尋你更加重要。

我是你溫柔的鴿子，當然也是你無畏的鷹——哪怕盲了，也存貞觀、大義、古典和端正。

你因此會更加愛我。

我因為這行動的選擇和想像的甜蜜，而尤其思念你。

多麼期待我們年輕而結實的精神團聚......別忘了我是因你而踏上暗黑的勇敢之程。

沒有你的殘缺什麼才可以補綴？哦這殘缺，是一腳踏空的辛苦，瞽目摸象的悵然。

我的眼睛盲了，索性把自己的心也藏起來，不教她共花爭發，還密密地縫了一層又一層，天地也窺它不得。

只有在找尋到你的那一刻，它才會自個兒鉚足勁兒，崩斷所有的絲線，「豁朗朗」，笑靨洞開。

然後，然後，用片刻的熱烈舞蹈，過殘生的寧靜日子，伴著舞曲微弱的回音。

就是這樣。

唉，我找尋你的期許，不過這樣。

無用之用

作者：簡墨

發行人：黃振庭

出版者 ：崧博出版事業有限公司

發行者 ：崧燁文化事業有限公司

E-mail：sonbookservice@gmail.com

粉絲頁

地址：台北市中正區重慶南路一段六十一號八樓 815 室

8F.-815, No.61, Sec. 1, Chongqing S. Rd., Zhongzheng

Dist., Taipei City 100, Taiwan（R.O.C.）

電　話：(02)2370-3310 傳　真：(02) 2370-3210

總經銷：紅螞蟻圖書有限公司

地址：台北市內湖區舊宗路二段 121 巷 19 號

電話：02-2795-3656　　傳真：02-2795-4100　網址：

印　刷 ：京峯彩色印刷有限公司（京峰數位）

定價：300 元

發行日期：2018 年 4 月第一版